吾道文丛

# 庸椽楼记梦

汪荣祖 著

岳麓書社 · 长沙

**图书在版编目(CIP)数据**

庸椽楼记梦/汪荣祖著. —长沙:岳麓书社,2024.9
(吾道文丛/万俊人主编)
ISBN 978-7-5538-1910-5

Ⅰ.①庸…　Ⅱ.①汪…　Ⅲ.①汪荣祖—自传　Ⅳ.①K825.81

中国国家版本馆 CIP 数据核字(2023)第 157323 号

YONGCHUAN LOU JI MENG

**庸椽楼记梦**

作　　者:汪荣祖
丛书主编:万俊人
策划编辑:黄友爱
责任编辑:刘　文　冷金成
责任校对:舒　舍
封面设计:赤　徉

岳麓书社出版发行
地址:湖南省长沙市爱民路 47 号
直销电话:0731-88804152　0731-88885616
邮编:410006

版次:2024 年 9 月第 1 版
印次:2024 年 9 月第 1 次印刷
开本:787mm×1092mm　1/32
印张:7.5　插页:8
字数:108 千字
书号:ISBN 978-7-5538-1910-5
定价:52.00 元

承印:湖南省众鑫印务有限公司

如有印装质量问题,请与本社印务部联系
电话:0731-88884129

作者近影

十岁留影

大学时留影

在美国大学上课

自宅前留影

与钱锺书先生合照

与“我们仨”

与李敖先生郊游

与唐长孺先生于武汉大学

与黄永年先生于大雁塔下

1981 年与周谷城教授夫妇

与何炳棣先生合影于南加州何寓

与黄萱女士于鼓浪屿豪宅

访叶嘉莹先生于南开大学

姜义华先生、方行先生与作者摄于章太炎墓前

与陈氏三姊妹合照于庐山陈寅恪夫妇墓前

与陈氏三姊妹台北合影

顾廷龙先生、作者、潘景郑先生于上海图书馆

作者与周一良先生合影于美国

吴博全先生遗像

徐子明先生早年玉照

萧公权先生 70 岁留影

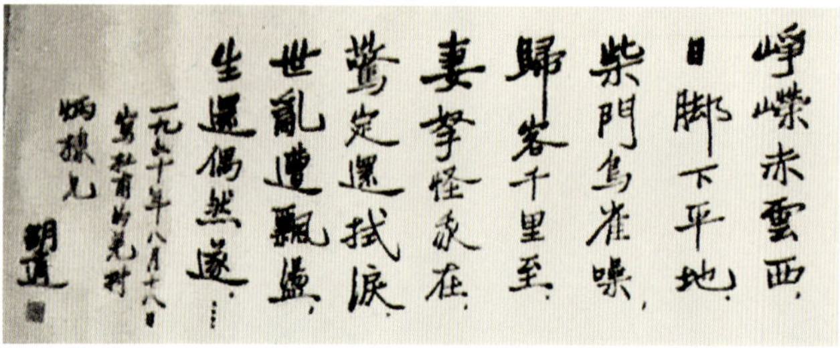


胡適先生赠何炳棣先生字

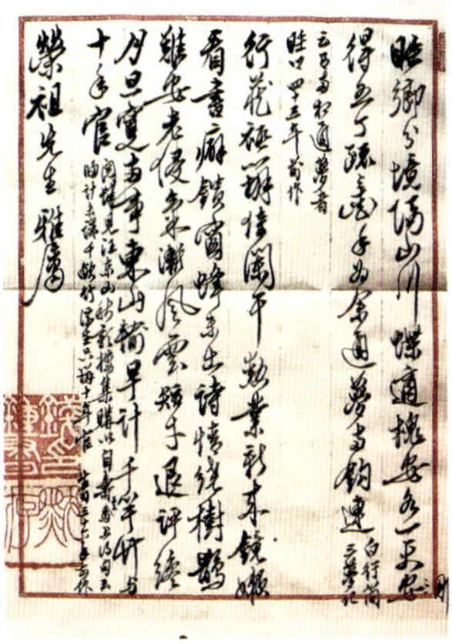

钱锺书先生诗

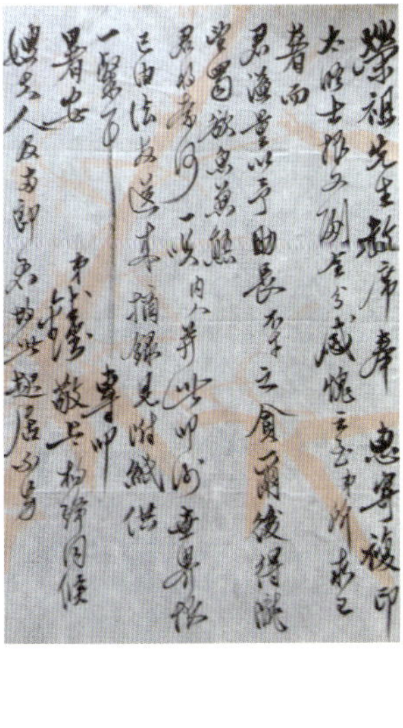

钱锺书先生函

《史传通说》钱锺书先生序

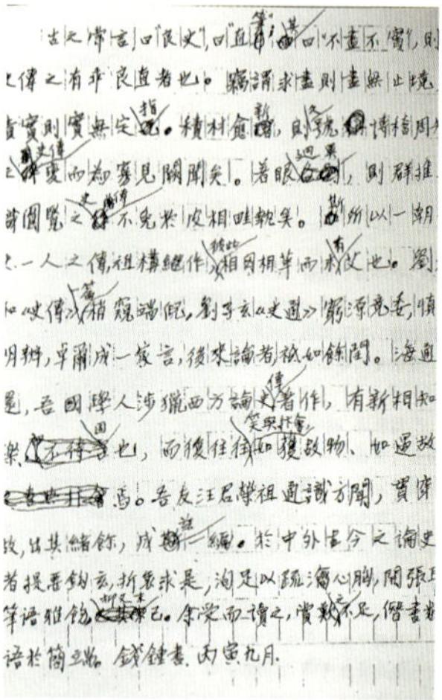
古之常言曰"良史"，曰"直筆"，曰"不盡不實"，則……之傳之有非良直者也。竊謂求盡則盡無止境，……貴實則實無定指。[illegible]……不免米皮相唯執矣。……一人之傳，祖構繼作，相因相革而有以也。……明辨，卓爾成一家言，後來論者祇如餘閏。……吾國學人涉獵西方論傳著作，……吾友汪君榮祖通識方聞，貫穿……於中外古今之論史者提要鈎玄，折衷求是，洵足以疏瀹心胸，開張……筆語雅飭……已。余受而讀之，賞歎不足，僭書數語於簡端。錢鍾書。丙寅九月。

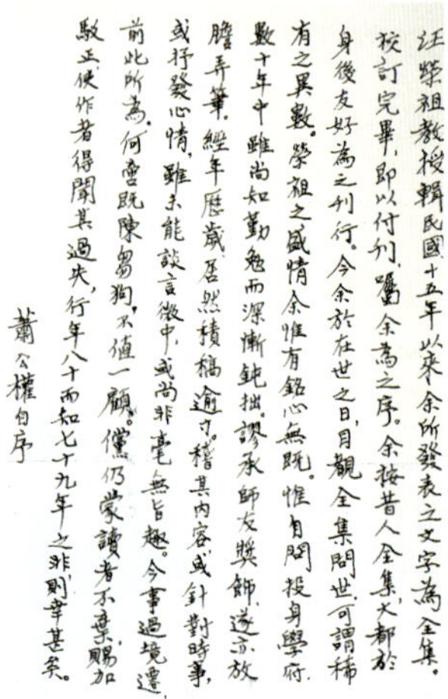
汪榮祖教授輯民國十五年以來余所發表之文字為全集。
校訂完畢，即以付刊，囑余為之序。余按昔人全集，大都於
身後友好為之刊行。今余於在世之日，目覩全集問世，可謂稀
有之異數。榮祖之盛情余惟有銘心無既。惟自問投身學府
數十年中雖尚知勤勉而深慚鈍拙，謬承師友獎飾，遂亦放
膽弄筆。經年歷歲，居然積稿逾寸。稽其內容，或針對時事，
或抒發心情，雖未能談言微中，或尚非毫無旨趣。今事過境遷，
前此所為，何啻既陳芻狗，不值一顧。儻仍蒙讀者不棄，賜加
駁正，使作者得聞其過失，行年八十而知七十九年之非，則幸甚矣。
蕭公權自序

萧公权先生自序

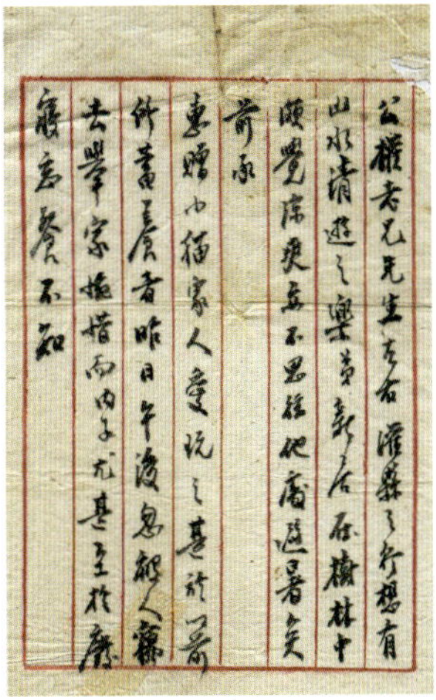
公權吾兄先生左右：灌縣之行想有
山水清遊之樂，弟新居在樹林中
頗覺涼爽，亦不思往他處避暑矣。
前承
惠贈小貓，家人愛玩之甚，詎前
竹叢養者昨日午後忽被人竊
去，舉家惋惜，而內子尤甚，至於廢
寢忘餐。不知

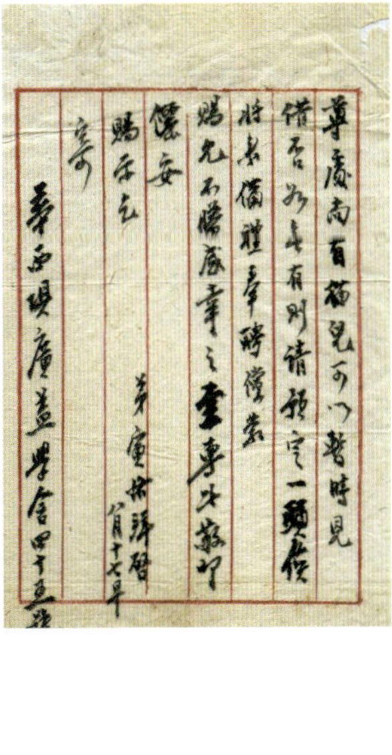
尊處尚有貓兒可以暫時見
借否？如尚有，則請預定一頭，俟
將來備禮奉聘。倘蒙
賜允，不勝感幸之至。專此敬叩
儷安
賜示乞　　弟寅恪拜啓　八月十七日
寄
華西壩廣益學舍四十五號

陈寅恪先生与萧公权先生函

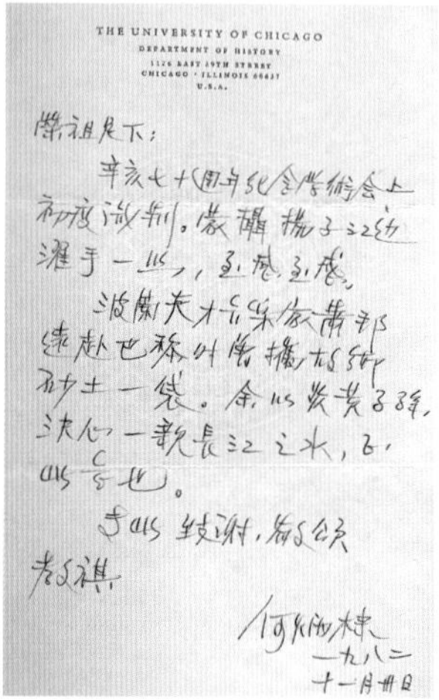

THE UNIVERSITY OF CHICAGO
DEPARTMENT OF HISTORY
1126 EAST 59TH STREET
CHICAGO · ILLINOIS 60637
U.S.A.

荣祖足下：

辛亥七十周年纪念学术会上初度识荆，蒙赐扬子江边灌于一瓶，至感至感。

波兰天才音乐家萧邦远赴巴黎时曾携故乡砂土一袋。余以炎黄子孙，决心一亲长江之水，正此意也。

专此致谢，顺颂

著祺

何炳棣
一九八二
十一月卅日

何炳棣先生亲长江水函

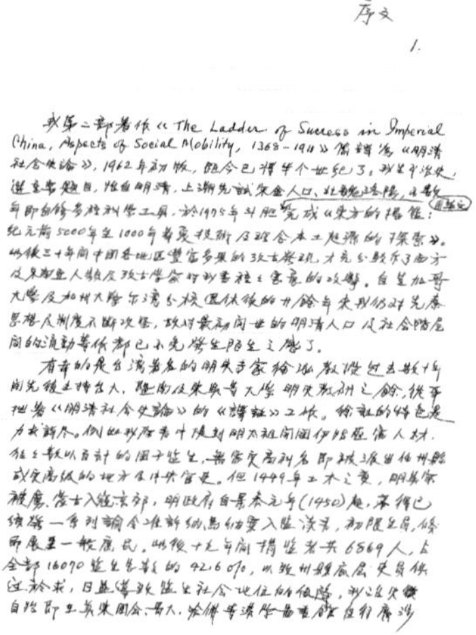

序文

1.

我第二部著作《The Ladder of Success in Imperial China, Aspects of Social Mobility, 1368-1911》简体译为《明清社会史论》，1962年初版，距今已将半个世纪了。我生平治史，选定专题，始自明清，上溯先秦宋金人口、北魏洛阳、土地数字即为后来[illegible]工具。于1975年斗胆完成《东方的摇篮：纪元前5000年至1000年华夏技术及理念本土起源的探索》。此后三十年间中国各地区丰富多采的考古发现，才充分驳斥了西方及东邻日人顿及考古学家对我书种种恶意的攻击。自芝加哥大学及加州大学尔湾分校退休后的廿余年来我仍对先秦思想及制度不断攻坚，故对最初问世的明清人口及社会阶层间的流动等作都已不免感生陌生之感了。

有幸的是台湾著名的明史专家徐泓教授过去数十年间先後执教台大、暨南及东吴等大学明史教研之余，从事拙著《明清社会史论》的《译注》工作。徐注的特色是力求详尽。例如我原书叶[illegible]明太祖洪武间网罗人材，往往数以百计的国子监生，無需更高科名即被派出任州县或更高级的地方各种实官要。但1449年土木之变，明英宗被虏，蒙古入侵京师，明政府自景泰元年(1450)起，不得已颁发一系列谕令准许纳马纳粟入监读书，初限生员，後再展至一般庶民。此後十五年间捐监者共6869人，占全部16070监生总数的42.6%，以致州县底层吏员供过於求，日益导致监生社会地位的低落，我之原[illegible]自始即未[illegible]

何炳棣先生序

# 弁　言

我原无写回忆录的想法，因平生寄身学苑，教书糊口，读写自娱，平淡无奇，往事无足轻重，泥爪何须留痕？去年岁值庚子，我已年逾八旬，幸身心康健，北京中华书局精印拙撰《云雏记事诗稿》数百册为寿，分送亲友留念。我虽曾学诗，实未出道，记事而已，平生可记者已见诸诗册矣。

辛丑初秋，不料得到《湘水》主编黄友爱先生的邀函，嘱写小书一册，自述学术历程，思想渊源，列入《吾道文丛》，可为后学参考云。治学问道于予，吾岂敢当？惟回首念及来时路，良师益友多已亡故，或可借此追忆受业之益，切磋所得，非仅自述，亦可表彰师友，斯则宜矣。

我家原籍安徽旌德，先祖藏书颇丰，额称“庸椽楼”，经乱藏书云散，旧楼亦毁。我尝以“庸椽楼主”为笔名写《学林漫步》一册，槐聚先生戏称我为“庸椽后主人”，因以所居书房曰“庸椽楼”，聊作纪念。贤友何怀硕兄，书画名家，惠赐匾额，感喜何似！此篇忆往，因以庸椽楼记梦云耳。

# 目 录

# 第一章

# 少年时的诗缘

1950 年，我正好十岁，记得在台湾高雄的家里来了许多不速之客，大多是从大陆逃难来的安徽同乡，家父干脆办了一个安徽同乡会。于是不论皖北皖南，各地乡亲会聚，经常在我家的日式木屋里，天南地北，高谈阔论，感受到满室乡音亲切。在诸多访客中，我注意到吴博全先生。他的乡音特别“尖锐”（high pitch），见解新异，总是压倒群伦。遇到有人抬杠时，他更是兴高采烈，滔滔不绝，有点“舌辩群儒”的模样。他的身材瘦小，坐在沙发椅上，可以把脚跟也举到椅上，更有趣的是，那骨瘦如柴的两只小腿可以紧紧地绞在一起，像绞麻花一样！我当时童心无知，觉得此人有趣，就常找他玩。但他不老是跟我玩，有空就教我读读旧诗词。因他的引导，我对古诗大感兴趣，学着大声吟哦起来。记得一个阴雨的下午，我的吴老师极带感情地吟诵一首七言古风，极有韵致，我请他录下，至今仍可背诵。这首诗后来在《明诗别裁》中找到，是郭登的《送岳季方还京》，充满游子在外盼望还乡的心情，吴先生吟诵起来悲凉而有韵致。那时只觉得好听，岂知古今的天涯行客，感情是相通的。孩提的我又怎能领会到他只身在台的心情？不久知道他的诗有传承，老师是前清翰林许承尧。吴老师曾要我背诵许老的一首五律《甲申除夕》，其中有句曰“万端惟骇叹，一往到哀吟”，显然是 1944 年岁末神州大地仍在日寇铁蹄下的哀吟。近年，熟悉乡事的吴子桐乡弟热心帮助，为我找到许承尧的《疑庵诗》，其中有一首五古就是《寄吴博全》的，此诗关切与期盼之情兼而有之，可见他们师弟关系并不一般。

我很想好好跟吴老师学诗，但他忙于编杂志，后来他去报馆工作，只能通过一些偶然的机会，从他那里学到一些诗的格律与押韵，以及经他的推荐，读了《唐诗三百首》与袁子才的《随园诗话》。记得他一再对我说：诗贵多读，要能观摩，注意格调与意境的高下。这一机缘使我得到在体制内学不到的一些知识，感到受益无穷。当我小学毕业时，他以有限的薪水买了一本赵松雪帖送我，并在白色的封面上介绍赵孟頫的无逸帖，还题了一首七言绝句送我："新安书道本堂皇，两百年前有二汪；荣祖谊承先世业，便当勤研十三行。"他鼓励我学习乡先贤写诗习字，但一再告诫我，时代不同了，不能再靠诗书吃饭，最好学一种技艺，以诗书作为业余爱好自娱。我未能学会任何技艺，却颇享诗书自娱之乐。这本帖因出国多年，回来时家已搬迁，遍寻无着，悔恨没有随身带着。我初中毕业时，跟同届同学到阿里山旅游，知道吴先生在嘉义报馆工作。有一晚，我与同学一道去他的单身宿舍拜访。他很高兴，在月夜里朗吟了一首七律近作："一重世网一重关，三十功名付等闲；但说浮生同逝水，尚难冷趣入空山；痴心却作登龙望，攘臂谁堪挟策还；且把案清融傲骨，于今我亦爱台湾。"没想到翌晨，《嘉义日报》的地方版竟刊载了"汪荣祖等游阿里山"的一则"新闻"，十五岁的我竟成了"新闻人物"，当然这是吴博全"制造"的新闻人物！诗中的"案清"点出他曾因案入狱，他在大陆时曾任屯溪《复兴日报》的社长，原是国民党的报纸，这也是他感到非“逃难”不可的原因。然而他只身在台，又在报馆工作，蒋政权撤退到岛上，惊恐未定，对知识分子尤不放心，侦骑四出，造成台湾的“白色恐怖时代”，吴博全也不免被拿问。他的案子应不难理清，却关了很久，原因是他的日记太多。我亲眼看到，别人一年写一本日记，他一个月就可以写完一本，特务们不敢掉以轻心，所以要等到看完他的日记后才能放人，他是受日记之累了。

我到台湾大学读书时，吴先生已在台北的《征信新闻》（后来改名为《中国时报》）工作。他晚上工作白天睡觉，我课余常去找他，因而常常扰他清梦，他亦不以为忤，起身后总是邀我坐三轮车去台北西门町吃馆子。他知道我选读历史系，很高兴，说历史原是他的兴趣所在，他尤其喜好明史。每次和他见面回来，总感到有些收获，当时就觉得他比一些大学教授还有学问，对他更增一份尊敬。他于1960年在台北结婚，我去吃了喜酒，场面很隆重热闹，我代父亲送了万元大礼（当年教授的月薪只有一千元）。我去美国留学，十年后回到台湾，立刻打电话给他，他兴奋地说，他虽然在恋爱上曾失败一次，但这次婚姻很美满、很成功，并已有很上进的子女，我甚为他高兴。之后我赴美国东岸执教，又与他大洋相隔，联系不多，但一直听到他的消息。知道他一帆风顺，步步高升。凭他文思的快捷，下笔如神，在报界鹊起，是很自然的事。记得有一位官员赴美考察两个月回台，要写一篇报告交差，苦难下笔。结果尚未出过国的吴博全根据口头上的一点线索，写下一篇洋洋洒洒的访美见闻。后来他到日本访问，写出极有内容的《日本的镜子》一书，更不在话下。当我收到这本书时，我正在研究有关日本近代化问题，看了一些近代日本经济、政治、历史、文化方面的书。我感到《日本的镜子》，篇幅虽小，却极有深度，并具有独到的见解，加上文笔流畅，顿生佩服之感。随着年龄的增加，我更能欣赏他的学识。他是一个绝顶聪明而具才华的人，可惜他生逢乱世，疲于奔命，不得不把许多时间和精力花费在谋生上。虽然他在报界显露头角，但他在文史之学上的才能未能充分发挥出来，诚属憾事。到了1978年，我应邀到台湾师范大学客座，不久就到《联合报》大楼去看吴博全先生。我以为他仍在编辑部，后来才知道他已自总编辑职务退休，以股东的身份在顶楼办公，每天只来两小时。但编辑部上下，一听到我找吴博全，都称他“吴博老”，简单的一个称呼，马上使我联想到他的人缘，他的受人敬重。我在顶楼办公室见到他，一别二十年，他似乎还是老样子，只是稍微胖了一些。他好像有些不认识我了，连声说：“你的声音一点都没变！”上次见到他，我已是大学生，但我和他做“朋友”时，我只有十岁左右，而他已三十出头，所以在他心目中，老是记得我是小孩子。那天谈得很好，他看起来也很高兴，最得意的是他战胜了鼻癌。没想到不到几年，他竟因脑出血突然逝世。这一回也成了我见他的最后一面。本来，他还邀我餐叙，因我临行匆忙，没有能够实现。后来我又有机会到台北，但只停留两周，来不及谋面。当时总以为来日方长，哪知机会稍纵即逝，现在想来悔恨何及，留下的仅是点滴回忆。

我上大学时，有时间就去找吴博老，请他改诗，忽略了在台大中文系讲诗词的叶嘉莹教授，当时已听到她的课十分叫座，旁听的人很多，但我觉得年轻漂亮的女士和旧诗词不太搭调，所以失去了大好的听课机会。后来知道迦陵先生道行之高，非当时的老先生们可及，追悔莫及！幸而她出了许多讲诗词的书与录音带，自己可以补课。新世纪后，在天津南开大学见到迦陵先生，白头师弟重逢。她深感旧诗词吟诵的重要，担心此一宝贵传统日渐式微，于是极力倡导。她九十岁生日宴会在南开举行，我躬逢其盛。她要大家吟诵，我即席吟诵了吴博老教我的《送岳季方还京》，得到迦陵先生的肯定，认为颇有古风。后来叶先生的助手张静教授在南开大学大礼堂主持一场慕课，邀迦陵先生与我一起吟诗，我吟诵了白居易的《琵琶行》，甚得迦陵先生嘉许，想到吴博老的教诲，由衷地感激！我不会唱歌，窃喜常能吟诵诗词自娱。

迦陵先生先后在中国台湾、北美、中国大陆讲解旧诗词，而其讲稿多已成书出版，影响至为深远。近年在南开成立诗词研究中心、建立迦陵学舍，更为古典诗词奠定良好的发展基础。在迦陵先生的宣导下，欣赏古典诗词的人虽愈来愈多，但像迦陵先生那样能写出上乘诗词的，已不多见。原因是“五四”以后，趋新弃旧，视旧文化如古董。旧时代孩童识字后，学对对子了解汉字四声的特性，而后能够作合乎格律的诗。但新学校以白话取代文言，甚至要以西洋语法规范中国文字。陈寅恪忧虑中国文字特性的丧失，主张以对对子作为大学入学的国文试题，却引起群情哗然。一般人不悟不能对对子既昧于吾国文字特性，更不能作合乎规律的诗词。没有料到的是，我在山东大学访问时，遇到一位中年老师刘晓艺教授，她能写古色古香的古典诗词，用典尤其精到，且出版了难能可贵的《昔在集》。

# 第二章

# 从毓老想到子老

我在美国执教三十一年后提早退休，以应台湾嘉义中正大学之邀回到台湾长住，能够常与旧友新知餐叙。经由徐泓教授的引介，参加台北奉元书院的聚会，才知道前清皇室爱新觉罗·毓鋆（1906—2011）在台湾讲学论道的事迹。除了本地的众多弟子外，更有不少外国学者来听他讲解古文。当听到毓老的拨乱反正之论，起衰振隳之方，有谓："适值危运，邪说侵陵，炎黄精文（真文），荡然泯绝，人习日鄙，各溺自弃，喜以自驰，无方以自树；摧古残今，横施攻泄，必自毙而后已，可哀殊甚。"此论立即使我想起徐子明先生，让我觉得毓老与子老的忧虑与想法，居然如此心灵契合。子老也认为"自亡秦以逮逊清，历时二千有余，其间革命易姓，宰制神州者，无虑数十百家。其治具或因时而损益，而道德典刑所以维持人纪式昭伦序者，莫之能易”。而“(今之危运，邪说侵陵)迹其所以，则蔡、陈、胡三氏同恶相济，潜之为祸也”。影响所及，教育部于1920年以后，通令全国学校改以白话教学，自此“真文”逐渐“荡然”。子老将“炎黄精文(真文)，荡然泯绝”的原因说得更加直白，直言不讳。自五四新文化运动以来，白话取代文言，两老在铺天盖地的白话天地里，教大学生、研究生读“五四”之前孩童就要读的古籍，尽量保存文言的一线生机，使满载传统文化的宝筏不至于完全沉沦，用心极为良苦。

徐子明先生名光，以字行，江苏宜兴人，生于清光绪十四年(1888)农历九月十五日，卒于壬子年(1972)五月十九日，享年八十四岁。徐氏乃宜兴当地的望族，明初先祖徐鉴，《明史》有传，徐鉴孙徐溥于弘治五年(1492)出任内阁首辅，谥文靖公。戊戌变法时，举荐康梁的徐致靖，是子老的伯父。我于1957年进台大历史系时，徐先生是全系最资深的教授，已经七十岁。但我在校的头两年，全不见徐先生的踪影，他完全不参加系里的活动，我几乎不知有其人。我大三时选了他开的西洋中古史，第一天去上课，一间大教室只有我一个学生，后来老先生来了，长身玉立，穿着长衫，走进教室，就是徐子明先生。他看到只有我一个人也不奇怪，还略带微笑。这第一堂课，他痛骂学界现况，牵涉到“五四”以来的新旧之争，使我大开眼界。北京大学是新文化运动的重镇，蔡元培校长号称新旧包容，其实旧派逐渐淡出，以至于消亡。在北大的太炎门生不是弃旧投新如钱玄同，就是坚守师门的朱希祖，玄同疑古甚至还要废除汉字，希祖也被设计逼走。更多的人自动离开北大，南下金陵，聚集在中央大学，遂有与《新青年》唱对台戏的《学衡》。其实，《学衡》绝非顽固的守旧派，要角也多海归人，拟纳儒家于泰西古典人文主义之中，以抗浪漫的全盘西化，所以我曾为文称之为“新文化的南北战争”。这场战争北胜南败，而且败得彻底，并不意外，盖狂澜不能挽也！

徐子明先生于 1915 年自海外回国，在北京大学讲授希腊罗马文学史与德文，过从较密的同事有辜鸿铭、黄侃（季刚）、刘师培等人，他与黄侃感情尤笃，曾结为金兰。自 1918 年至 1925 年，因其精通外语，受聘为外交部参事，其间于1920年曾参与并出席在美国召开的华盛顿裁军会议。徐先生于1926年辞外交部职，未返北大，举家南归，为弃北大而就南京中央大学教职的学人之一。

徐先生在中大从1929年起授希腊史与西洋近古史。全面抗战前夕，他于1936年应云南大学之聘，入滇教德文。九个月后入川，教德文于重庆大学。入川时因舟漏水，所携中西典籍之精品，均遭毁损，痛心之余，不再蓄书。到了1939年，日寇深入，国难方殷，转赴中央军校任德文教官，感叹时局，有诗寄慨："万户伤心极海边，倭夷到处尽烽烟；那堪闾里遭残戮，况复图书被劫迁；历室方期还故鼎，行都何幸赉新编；从知黎扑昭天壤，不废词宗亘古绵。"1941年徐先生应东北大学文学院院长金毓黻之邀，再内迁到四川三台龙王庙街，讲授西洋近古史和德文。金院长在7月14日的邀请函称"子明夫子大人函丈"，知金氏亦徐门弟子，信中说："此间史系阵容尚可勉为布置，唯中文系语言学、西洋文学史二课，非由吾师主讲，恐不易觅第二手，已将此意向此间诸公陈说，甚为动听。"徐先生应邀在三台东大执教三年，而后转就重庆第十兵工厂英文导师职，举家迁入化龙桥厂内居住，直到抗战胜利。

历经十四年抗战，艰险备尝，终见日寇投降，河山重光，先生自谓“流寓十载，皤然已成老翁”矣！战后先生重返南京中央大学任教，授《史通》与西史选粹。然外寇方除，内战已殷，有云：“都下阴雨连日，物价有加无已，过江难民已冻馁而毙者，无日无之。宜兴素饶裕，然朋旧间穷乏无归者，亦殊不少。国政如此，民生奈何？”又有云：“都下戒严，静观时势，恐寻明末旧迹，而热衷者方大事选举，可谓燕雀处堂，嘻嘻相乐矣。”再有云：“沪上贫富悬隔，甚于他处，酣歌恒舞，不异战前，燕巢煦煦，宁顾来日。”更有云：“目前百物腾踊，群盗遍野，而国门之内，竞选之声聒耳，仆即杜门却扫，不问不闻，非不知祸之将及己也，计无所出也。”徐先生已看到国民党政权的摇摇欲坠。

战后台湾光复，台大原来是日本的帝国大学，文科方面几乎都是日本人，学生也以日本人居绝大多数，教授几乎没有本地人。日本战败以后日本官员与教授等人尽数遣返，台大需才孔亟，当时的教育部部长朱家骅与中央大学关系较密，故多邀中大教授到台大任教，如哲学系的方东美，历史系的沈刚伯、张贵永等人。徐先生更与朱家骅有旧，也被从中大聘到台大执教。徐先生于1948年的夏天，自上海渡海到台北，对周遭环境颇感满意，觉得“草木葱菁，山水清幽，颇堪怡悦，而图书蕴藏之富，尤内地所难方。苟志在进修，则东西典籍大都皆备，不尔则历朝笔记饶衍盈阁，往往为书肆所罕见，亦足以资陶写”。但不久蒋政权败退台湾岛，傅斯年出任台大校长，带来不少北大、清华等校老师。傅斯年很强势，自中央大学来的教授几乎都“带枪投靠”，唯徐先生一士谔谔。他在思想上与清华北大派绝异。据徐子明先生说，他于1915年从海德堡大学留学回国在北大教书，傅斯年上过他的课，是德文班上的学生，自己是名正言顺的老师。但傅斯年想把老顽固赶走，最后傅斯年怕学生斗争老师有违伦理之嫌而作罢。但台大历史系以胡適、傅斯年为尊，视子老如芒刺在背，避之若浼，将他的课从必修改为选修，又宣称他守旧顽固，使学生不选他的课。如果三年没有学生选课，他如何好意思再待下去？但只要有一人选，课就必须开，这也是徐先生看到我一人坐在教室里，面带笑容的原因。他后来也提起过，我打破了他们想排挤他的阴谋。

徐先生用了整堂课的时间痛骂阴谋、痛骂不学有术之徒。从第二堂课开始，他一年到头总是一袭长衫，开讲前挂上彩色大地图，然后用粉笔在黑板上，以龙飞凤舞的英文草书，写下提纲，如第一课“蛮族入侵”（Barbarian invasion），列出三要点：Ⅰ. Extent of the Roman Empire before 410（公元 410 年前的罗马帝国疆域）；Ⅱ. Original home of the barbarians（蛮族原来栖息之地）；Ⅲ. Breakup of the Roman Empire and the foundation of the new kingdoms（罗马帝国的分崩与新王国的基础）。然后以江浙口音的普通话解释何谓蛮族，曰罗马人称所有非罗马人为蛮族，而自称拉丁（Leutin），乃人民之意，犹如德文字 Deutsch。古欧洲唯希腊有文化，罗马继起，其政治先行民主，渐变为君主，日后流弊益多，内部腐败，遂与蛮族以可乘之机。接着徐先生开始借地图讲罗马的疆域，山川河流，一清二楚，而后指出罗马四界，唯东、北两方需驻重兵，因东邻强国波斯，北向蛮族，故有罗马长城（limes）的建筑。一年下来，最后一课为“文艺复兴时代的政治社会情况”(Political and social situation of Europe at the time of the Renaissance),亦是三点提纲:Ⅰ. Tendency towards absolute monarchy(趋向绝对王权);Ⅱ. Church's loss of prestige(教会失去声望);Ⅲ. Abolition of serfdom and rise of new nobility(农奴制废止与新贵族之兴)。考试以英文出题,但可用中文答卷,然须用雅言(文言)。那一年在台大的普通教室楼上课,一师一生,整整一年没有缺一堂课。先生讲解丝毫不苟,而学生准时入座,不敢旷课。先生的教学大纲,有条不紊,讲述内容充实,解释细微。这门课于1960学年度只有一人选,他不再开任何西洋史的课程。他把部分讲义给了我作为纪念,非常漂亮的英文书法,写得龙飞凤舞,内容条理井然。我至今仍然珍藏。

先生的专业原是西洋史,十九岁自南洋公学毕业时,英文无论说读写均应用自如,洋书法极为俊美。1910年先生考取首届庚款留美,入美国威斯康辛大学(University of Wisconsin)历史系习西洋史,于1912年获得学士学位(B. A.),因成绩优异,并通多种欧洲语文,又有一篇论文受到一位德籍教授赏识,遂由该教授推荐赴德，入著名的海德堡大学（University von Heidelberg）专修西洋中古史，在两年内以《中世纪之特色》（*Die Eigentumlichkeiten des Mittelalters*）为题的论文，取得博士学位（Dr. Phil.）。当时西洋史的重镇在德国，海德堡更为重镇中之重镇，而先生竟能以如此短暂的时间完成学业，不仅熟悉西洋史事，而且除了英、德文外，又学会法、希腊、拉丁等语文，足见其能力之高超以及学问之丰硕，然先生自称只通中、英、德三种语文。

先生不再教西洋史而改教中国古文，因深感大学历史系的学生阅读古籍的能力日渐丧失，叹息自先秦到晚清的正式文字要成为天书。因五四新文化运动以后，学校风行白话，学子已无国学基础，翻阅古籍往往茫然不解，修习文史者，若不能读古籍，又如何修习？更何况古籍乃文化的载体，古籍的废弃势必导致文化的消亡，所以先生以救世之心授此课，以苦口婆心来讲解，常常唇焦舌敝。先生因而省思中国文化危机的由来，认为五四新文化运动实启导之，更进而认为胡等反中国文化的言论，破坏了中国政治、社会、道德秩序。徐先生虽孤掌难鸣，被视为顽固落伍分子，倍遭歧视与排挤，仍以一己绵力，未尝气馁，亦不妥协，然其挽澜之心，终难如愿，而其维护中国文化的苦心，更鲜为人知。先生尝言，文化（culture）与文明（civilization）两词中国经典罕见，源自西方。后词意谓“自粗厉犷野之习俗过于礼法技能之生活”，而前词原从拉丁文 cultura 而来，本意为“垦辟以后的成绩”，地经垦辟耕耘之后，时至而结实，而智能的成绩即包括科学、艺术、文学、哲学、史学诸方面。初民草昧，既无礼法亦无社会秩序，自无文化与文明之可言，然中国历史悠久，文化与文明的开始与发展均早于西方。直至近代，由于西方在科学与物质文明上的突飞猛进，中国相对落后而迭遭欺凌与羞辱。中国要振兴，理应在科学以及物质文明上努力奋发，急起直追。但是清末民初以来，内乱外患，政局混乱，社会动荡，有志之士无从发展其智能，更可痛心者，有不少名人学士，提倡科学与民主以救世，但于科学与民主皆一知半解，也未能推动科学与民主的进展，却把矛头指向中国文化，高喊“打倒孔家店”，宣扬全盘西化。此乃先生最难以释怀者。振兴科学以及物质文明是否须以摧毁中国传统文化为前提？显然不是，然而“五四”时代的健将未经深思，就已有肯定的答案，于是有全盘西化论的出现。所谓全盘西化，应指中国的人种、语言、文字、风俗、习惯，无不西化。先生曾幽默地问，西方人种很复杂，语言文字、风俗习惯也各不相同，到底要向哪个“西”而“化”之？此正说明全盘西化根本是假议题。从理论上说，全盘西化何异将文化视为一堂家具，可以买新弃旧，可以废弃数千年智能与物质上的业绩，更难以言之成理。全盘西化虽然理论难通，难以实践，但中国传统文化却遭遇到空前的摧残，而最令先生痛心者，具有中国特色的人伦规范与社会秩序，因而崩溃瓦解，固无助于科学与民主的建设，却为极具破坏性的革命不断铺路。关于白话文，先生斥之为粗俗不文的俚语，而今白话通行，反对白话似太不合时宜。然先生之关切并非不值得注意，他所关切者，乃其所谓中国正式文字（文言）的废弃及其后果。中国正式文字历史悠久，造字之法约为六书，而后文字孳乳寖多，至周代而大备，及秦并天下，改大篆为小篆，又减省为隶书，晋唐以后再省为楷书。中国文字的特性讲究字形、字义、字音，也可作为书法艺术，在古今中外各文字中，自有其特殊地位。先生认为中国文字不仅优美，而且简易，无名词、代词、形容词、动词等变化之繁。而数千年来更累积了无数精美的作品，一旦以白话取代文言，学子喜白话易学，不愿吃学文言之苦，而后文言才会成为废弃的死文字，则寄托于正式文字的整个中国文化遗产势必成为不可解的古董。斯乃先生平生最忧心而难以自解者。

徐先生的国学基础打得既早又深，他自幼由父亲亲自教读，四岁识字，以《三字经》与《龙文鞭影》为课本，不到半年已毕事；遂开始读《大学》与《中庸》，亦半年毕事；接着五岁那年读完《孟子》与《论语》；六岁以方言读《诗经》，七个月毕事；接着读艰深的《尚书》，十个月毕事；然后读最难懂的《周易》与篇幅较长的《礼记》；最后八岁那年读《春秋》，实际上读的是《左传》。这些书虽都能背诵，然并不甚解，故徐父又将经书逐字讲解，整句解释，至十一岁毕业，已读完四书五经。他要把读过的古书传授给下一代，于是在历史系开“国史选读”，实际上就是教古文。我从小也读过一些古书，在高中时读了四史的列传，但囫囵吞枣，一知半解。听了先生一字一句的解释，大有茅塞顿开的喜悦。先生讲解，虽简单的字也不放过。除音形力求正确外，于义尤求彻底，如古书中常见“王悦”，他指出“悦”之古字为“说”，说明后了然之乐之谓；又如释“器械”曰，可用而不可容者谓之“器”，如弓箭之属，可容物之器谓之“械”，如弓箭之袋；再如好女古指美女，恶女指丑女，后来才分指德行之好坏。他讲《战国策》，其中有以“披山带河”来描写地形，“披山带河”大家都了解，可是很少人知道为什么用“披”和“带”？他说“披”古通“被”，就是被子，被褥的形状是高高低低的；“带”就是腰带，京戏里的人物腰上都围着一条腰带。“披山带河”，就在描写山势起伏、河流环绕的地理状态。这就是古人通训诂而后识字之谓。先生细讲之后，要求熟读（先生谓“读”字通“抽”，为细细研究之意）、背诵（先生曰高声念谓之诵）。这门课的期中、期末考都是背书，先生任选一长段，学生必须倒背如流，才能及格。

徐子明先生自 1948 年 9 月开课到 1971 年 12 月退休，执教台大约二十三个春秋，台大为其一生之中，连续教书最久之地。先生在台大先后讲解过的古籍有《史通》《战国策》《春秋左传》等书，课后在寓所还定期讲过《世说新语》。先生能以古韵念《诗经》，说是家传。据奉元学子说，毓老曾想请子老讲《诗经》未果。

先生晚年偶尔亦与弟子月旦近代学人，如谓章太炎从俞曲园听经，深通中国小学，其于古韵，颇有发明，至其行文，年少时即欲上追周秦，故唐宋以来文人学士不值其顾盼，及其晚节反效安徽桐城派作应酬文字，殊不可取。又谓湖南人章士钊好称太炎为兄，以其同姓故也，曾赴英留学，其英文造诣“与沈刚伯相等，故读英国书异常困难，然其国文颇通”；不过，后来钱锺书先生告诉我，章氏之《柳文指要》也有文理不通处。至于梁启超，先生认为“本长国文，后又慕泰西文字而年龄太大，故其《饮冰室文集》全无足观”。先生最服嘉兴人沈曾植子培，认为其人在清末为全中国最淹博之士，且为德国人凯瑟琳（Keyserling）所最推崇，以为全球无敌手。据先生所知，章太炎曾向沈氏问学，而沈氏视之蔑如云。

我出国留学，有志于史，先生第一封回信谈到治史终必以文字为要，若能于文字有把握，则各家著作可随意阅览，见仁见智，原可自由，而不必拘于一先生之说；治史者不可不博，而又须由博返约，事实固不可不明，而尤贵提纲挈领。除政治演变之外，文化递嬗变迁之迹诚所应知，然其所以如此，亦必有故，读史者若仅忆事实，而忽于治乱兴亡之由，犹非自得之学。先生素治西史，认为西人治史，仅限一端，而不窥其全，才力固薄，亦风尚使然，能汇通者殊少，故特别推重德国史家卡尔·朱利叶斯·贝洛赫（Karl Julius Beloch）及其《希腊罗马世界的人口》（*Die Bevölkerung der griechisch-römischen Welt*）一书，誉为对希腊罗马世界最完整的叙述；另一德国史家特奥多尔·蒙森（Theodor Mommsen）的《罗马史》（*Römische Geschichte*），英国史家爱德华·吉本（Edward Gibbon）的《罗马帝国衰亡史》（*The History of the Decline and Fall of the Roman Empire*），意大利史家古列尔莫·费雷罗（Guglielmo Ferrero）的《罗马之盛与衰》（*The Greatness and Decline of Rome*），以及美国约翰·洛特洛普·莫特雷（John Lothrop Motley）的《荷兰史》（*History of the United Netherlands*），皆卷帙浩繁，却能牢笼纲纪，有条不紊，而又独抒卓识，行文恣肆。

他尝谓我曰“Motley之史才，在欧美当推第一流，而其行文俊洁，则近代著作家大都瞠乎其后矣”，莫特雷为先生最心仪的西方史家。徐先生在这封信里还提到汤因比，他说：“此君虽颇具史识，而未有不朽巨著，恐难以与上述诸人颉颃耳。”当时汤因比十二卷本《历史研究》风靡一时，在中国台湾、日本两地尤其得到一面倒的颂扬，被认为是不朽巨著，唯先生独具只眼，知道并非不朽巨著。汤氏之书规模虽然宏大，但涉及的专业知识至广，非其博学所能掌握，难免谬误丛生，在系统论证方面也有逻辑上的缺失，以及概念欠清之处，终于引起许多欧美专业史家的严厉批评，甚至将汤氏提出的宏大法则斥为“历史的预言”（historical prophecies），并非出自科学方法的产品。后来我有机会阅读汤因比之书，也发现不少谬误，尤其是论及中国文明部分，同时也看到英美专业史家对他的严厉批评，他身后声名大落，难以不朽，我益发感佩子老学识的不凡。至于文学作品，子老最赏识英国作家比尔博姆（Max Beerbohm），谓其“文品甚高，堪供讽诵”，又说“其人行文诙诡自然，非特美国人鲜及，即英人亦不易追踪也”。我因而购藏不少比尔博姆的文集，尤喜读他 1917 年出版的《评说七人》(*Seven Men*)，把七个人说得生动有趣，读之忘倦。我到美国留学时，这些书只能在旧书店买到。

子老晚年愤世嫉俗之余，颇好阅心灵学与灵魂学方面的书籍。此学西人称之谓 psychical research 或 parapsychology，谈灵魂不灭，所谓死乃心灵与肉体的分开，身死神在，人格仍存，即身后的存在问题，与宗教或迷信无关。此学学会初建于 20 世纪初的英国伦敦，美国也有分会。先生在赴台前已阅读此类著作，到台湾后又与王宠惠论及此事。王氏亦深信肉体死亡后的生命，所蓄此类书颇多。先生遂得饱览，尤喜史密斯（Alson J. Smith）所著《宗教与新心理学》（*Religion and the New Psychology*）一书，觉其议论精美，而喜此学，并致函作者商讨，惜无正确地址而付洪乔。此学欧美学人好之者不少，美国以卡林顿（Hereward Carrington）最负盛名，先生亦想与他通信，因其年长或已不在人世而作罢，亦甚愿亲自赴欧美，与灵学界人士晤谈，唯年迈不果行，意颇怏怏。英国物理学家洛奇爵士（Sir Oliver Lodge）所著《雷梦》(*Raymond*)一书，记载其子雷梦死于欧战，而其灵魂回英，与其父母相见并谈话的经过，此书驰名海内外。先生心仪甚久，我从美国旧书肆觅得，先生非常快慰，认为洛奇以科学家之知识讨论身体与灵魂问题，证据确凿，无可非难，洛奇所谓心灵较肉体更为自由，无异证明了“生寄死归”的寓言。

先生身体素健，唯在四川时，不慎滑跤，紧抓路旁树枝，使右手筋骨受伤，以至于右手抖颤，不易握管。1971 年他已八十三岁，住台大医院时，起床时滑落到石板地上，以致折骨，动手术后身体大不如前，日渐衰弱，至翌年先生知已不起，遂于 5 月 19 日，深呼吸三次，拔除鼻内插的管子而亡，大有俞樾“老夫去矣”的气概。徐先生看破生死，从容辞世有如此！先生逝世后，诗人周弃子有挽诗曰：“耆旧凋零感曙星，薤歌凄咽不堪听；文章世已推宗匠，名德人谁继典型；骸骨未灰空色相，河山还我倚神灵；告翁家祭他年必，都见邦桢在鲤庭。”周弃子是台湾很能写上乘旧诗的人，中国旧诗词的式微，乃中国旧文字、旧文学式微的一部分，也是徐子明先生一生忧虑而挽澜无效者。徐先生精通中、英、德三种语文，不仅运用自如，而且落笔典雅，足称文章宗匠，然述而不作，只留下书法俊美的残稿，而无有系统的学术著作。其学问固已随风而逝，其孤高之人格典范，不作乡愿的典型，更难以继续。徐子老相信灵魂不灭，死不过是魂离残躯，故能看破色相，很潇洒地离开人世，亦不能不令后死者如周弃子望其神灵护佑，更期望子承父训，振兴中华，家祭告乃翁。先生仙逝已半世纪，我仍常在梦里忆及先生，曾有诗句记梦曰："特立高人每独行，峥嵘傲骨作雷鸣；狂澜欲挽终无果，胡祸难容发吼声；最惜繁花随逝水，拼将绝学授门生；题诗月赋今犹在，杖履长身梦里迎。"

胡適于 1949 年之后，人虽在美国，在台湾的声望有增无减，子老批判胡適最力，恨其提倡全盘西化，鲁莽灭裂，弃中国文化如敝屣。胡適视文言为死文字，以白话取代雅言，胡说世界各国文字都是语文一致。子老最不以为然，他曾引歌德的话说，每一个文明国之人，都有两种达意的工具，就是著作家的文字与日常生活的语言，前者雅洁而稳定，后者通俗而易变，后者永不能取代前者的职能。所以他认为日常口语及其通俗文字与著作家所用的正式文字，功用不同，可以并行不悖，他反对的是以语代文而已。而胡適以白话取代文言的主张导致通行数千年的正式文字难懂，中国文化的“宝筏”（古文）几遭废弃，胡適是始作俑者。当胡適要从美国回台长住，出任“中研院”院长，子老与友人出版《胡適与国运》，痛诋胡適，又出版《胡祸丛谈》，以胡为祸，在当时颇触禁忌。台湾的知识界奉胡適为新文化的大师，视批胡者为守旧保守分子，不合时宜，殊不知胡说有关传统文化的命运，正式雅言的存废，影响至为深远。子老的苦心被误解、曲解，遂被轻蔑而忽视，甚至排挤。1959 年我读大二，教中国近代史的吴相湘老师带我们全班同学去南港拜访胡適，胡適站在他新居（现在的胡適纪念馆）的门口，用英语对我们说：“welcome！welcome！”十分和蔼可亲。胡適在客厅里拍吴老师的肩膀对着我们说：“这是我们北大的最好学生。”令吴老师笑逐颜开，可见胡適之会做人。胡適晚年喜欢引用清初李塨的名言：“交友以自大其身，求士以求此身之不朽。”他确是最能实践此一名言之人，众多捧他的友生，包括傅斯年在内，无疑大了其身，至于是否不朽，尚待观察。我乘机问胡適如何能学好文言文，他的回答竟然是“文言根本不必学”！证明他到老还是坚持当年“文言是死文字”的观点。胡適对孔子、对中国传统的态度，到了晚年仍然没有改变。徐子明先生对他的指责，并没有错。

台大历史系高班同学李敖是“慕胡”派，在台大读书时，是有名的胡迷，他对胡適与胡適文存如数家珍，连写毛笔字，都有点儿胡体的影子，连胡適也惊叹，曾亲口对李敖说：“你比胡適之更了解胡適之。”这是胡適的圆滑，不过李敖的确知胡。胡適很欣赏李敖，更关心他，知道他的裤子进了当铺，立马汇去一千元，使李敖很感动。李敖很佩服胡適的全盘西化论，他于1962年的年初在《文星》杂志上发表了《播种者胡適》一文，以文学家的笔调将胡適比作海归的春风，播下新文化的种子，表扬胡適重视民主与教育的真精神。但是李敖并没有一褒到底，他不承认胡適学问已成家数，情愿承认“他是一个退了色的诗人、一个落了伍的外交官、一个最卓越的政论家、一个永不停止的真理追求者”。即使这些“家”的纯度，他觉得还是有问题的。令他最不满的是，曾经主张全盘西化的胡適，居然花那么多的时间与精力考证东方学术，还说胡適是学阀又何妨。胡適虽于1962年的2

月突然去世，但他对李敖此文的不快，可见之于致杨树人的信函中。但胡適并未减对李敖的重视，他的一篇遗作吩咐给十个人，其中就有李敖。张朋园、汪雁秋夫妇于1978年9月8日在台北家里宴客，陶希圣也在座，我正好坐在陶老先生的左边，听到他说：胡適生前向姚从吾说的最后一句话，是问李敖的近况，可见他关注的殷切。李敖对胡適的感情也始终如一，胡適身后，全集迟迟未能出版，他独自编印了《胡適选集》，一共十三册，由文星书店出版，却被胡夫人告侵权。他又答应独资请北大为前校长胡適铸铜像，然因胡適之亲美与反共，难以如愿。台湾的自由派人士奉胡適为导师，但胡適爱惜羽毛，不免在威权下临阵退却。他鼓励雷震等组织反对党，但自己不愿意入党。最后雷震被判十年，胡適不愿探监。雷震坐监十年一天不少，活着出来，胡適墓木已拱，迎他出监的是李敖。胡適鼓励言论自由，却最后告诫争取言论自由者“容忍比自由更重要”，令殷海光等人很感不满，他应该要求有权力者多容忍，哪能要无权无用的书生容忍，岂非有如在秋天谈扇子般不切实际？李敖、殷海光等自由主义者都是西化派，他们不满意胡適的是以他的声望应该做得更多一点，但他往往却步。李敖对胡适有感情，但在理智上并不盲目崇拜，他觉得胡适可以抗拒独裁的蒋政权更加强烈一点，然而胡适晚年变得很软弱，有时也不免乡愿，李敖也不以胡适那样亲美为然。自由主义派嫌胡适西化得不够，而徐子明先生则严批胡适错误的西化，绝然异趣。

最了解胡适的应该是唐德刚，胡适当年在纽约闲居时，与同乡“小朋友”唐德刚在他乡相遇，来往密切，故唐德刚对胡适知之甚稔。唐又为胡做口述历史，很多人说回忆录不可靠，但经过史学家唐德刚的把关，这本胡适自传是颇为详实而有深度的。我自 1971 年起在美东教书直到 2003 年退休，与唐公在纽约、华府，以及趁亚洲学会在各地开会之便，聚谈甚欢，书信来往也多。唐公出身合肥望族，自小读古书、写古诗，颇有旧学根底。唐公虽生于“五四”之后，但在上新学堂之前，有接触旧学的机缘；他那一代人尚有此机缘，再下一代就绝无仅有了。他并不信胡适所说“古诗文是死文字”。唐公常作旧诗，借诗浇胸中块垒，他于 2000 年的旧历新年自美国的加州寄来一首《人权夜宿绿岛闻绿岛小夜曲》：“月迷岛黯海声喧，夜曲遥闻百感煎；万劫神州余漏网，覆巢安忍一雏全；最怜两岸慈亲泪，难化双獠霸主鞭；欲拜丰碑申一愿，要凭秃笔别奸贤。”唐公的白话文因有古文根底，故有独特的风格，诙谐可喜，读其文如听说书，引人入胜，趣味无穷。

胡適是唐德刚过从甚密的乡前辈，唐自称执弟子礼（再传弟子），胡大师也视唐为闭门爱徒，在胡寓吃徽州菜、私室交谈，录音口述。胡適生前的朋友无数，但像唐这样无话不谈的密友，尚不多见。唐公对胡大师有深厚的感情，自不待言，感性的表述也是情理之常，如说胡是中国的文化巨人，自孔老夫子以下仅有的一百位巨人中，“適之先生是最近和最后的一位”。意谓胡適虽非空前，已经绝后，评价之高，无以复加。中国大陆在 1950 年代初，曾出版百万言批判胡適，从哲学思想、政治思想、历史观点、文学思想、哲学史观点、文学史观点、考据学、红学的艺术性、红学的人民性九个方面清除胡適思想的“流毒”，反而如唐公所言，成就胡適成为“九项全能的学人”。唐与胡相处时，亲眼目睹，胡適对批判是心中窃喜的。唐公觉得还可加上禅宗史研究，凑成“十项全能”。不过，唐德刚毕竟是训练有素的历史学者，或如西洋人所说，仍然是有能力成为“不带情绪的史家”（dispassionate historian），以直笔为荣，以曲笔为耻，有不为贤者讳的气魄。所以唐公虽推崇胡適备至，绝不肯刻意护短，亦洋人所谓“吾爱吾师，更爱真理”也。胡適不要年轻人读古书，但他自己十二岁到上海读书时已经读过《易经》，所以能够纠正他的沈老师误将《易传》当作《左传》。唐公说：“小胡適”除天资聪慧外，如何有此能耐？不言而喻。遗憾的是，将传统“一刀切”之后，不可能再有这样的“小胡適”了。结果呢？唐德刚在“五四”八十周年时说：“一清八十年，玉石俱焚，结果我们在废墟之上盖了些不三不四的小洋房，住进了许多两头不通气的半唐番小青年、小鲁迅！”一针见血之论，言之痛心。谁之过欤？岂非绩溪胡乎！

胡適的专业是哲学，师从杜威（John Dewey），风从“实验主义”，但唐德刚在《胡適全集》中，找不到一篇有关研究实验主义哲学的学术论文，略可呼应金岳霖之批评胡適不懂哲学。胡適治史学，以考据癖著名，惜流于为考据而考据，成为“无用之学”。

唐公更直言："考据乃辅助学科。换言之，考据乃手段而非目的，亦为胡老师未能稍涉社会科学方法，感到遗憾。"胡適倡导文学革命，声名最著，提出"八不主义"，虽风靡一时，但唐公质疑"八不"并无新意；再者，以唐之见，大力提倡白话，矫枉过正，在胡適推波助澜之下，十二三岁学龄儿童记忆力最好的时候，不去背诵唐诗宋词，而去读"时光老人，滴答、滴答"的白话文，以至于不懂平仄四声，失去理解中国文字特性的机会。胡将文言视为"死文字"，欲以白话取代文言，唐公尤其不能接受，他指出："我国'五四'以后，新文化教育家不许教文言文，而吾国古典文化几乎全是文言文写的，文言被一刀切掉，新文人对旧文学就茫然无知了！"这"一刀切"的严重后果，对后代而言，犹如"造孽"，岂非呼应了子老所说的"胡祸"？唐公说得极好：各国"都有其独特的文化传统和语言文字的特征，他山之石，可以攻玉，吸收他人之精华，剔除自己的糟粕，原是义无反顾的，但是我们断然不可因为洋人怎样，我们一定也要怎样"。但是刻意跟着洋人学样，胡適岂能辞其咎乎？胡又要以新诗取代旧诗，但所谓新诗，依唐之见，乃是洋诗“横的移植”，若无“纵的承受”，终究如无根之浮萍，甚至造成如施子渝教授所说“三千学子尽诗盲”的结局。唐公虽亦致力于白话诗的写作，但一直觉得新诗“多愁多病”，“经不起风吹雨打”；胡適虽尝试了六十年，但“新诗似乎只有诗人们自己在沙龙内，彼此欣赏，互相赞叹”！唐公终感新诗不如旧诗引人入胜，新一代的学者文人，包括院士、院长在内，也不免手痒，要写律诗，结果因“不懂平仄”“拗救不易”，只会贻笑大方。胡適居然也承认，写好律诗非几十年的功夫莫办，足见其艺术价值之高；然而如此艺术，若让其消逝，岂不可惜？幸有叶嘉莹教授尽生平之力，讲授并宣扬旧诗词，引起广泛的注意，渐为社会大众所重视，功不可没。

唐德刚对胡適倡导“全盘西化”也颇有微词，认为这不仅仅导致“纵横失调”，几乎是有横无纵，把中国几千年的文化也一刀切了。“五四”诸公误将现代化等同西化，盲目追随！正确的认知应该是：中国传统在西方文化影响下的现代化，而非西化。客观的科技可以照搬，但具有主体性的文化则不可；否则，便无“固有文化”存在的可能。胡適虽说“没有哪个民族，可以完全去掉它底固有文化的”，但按照胡適“全盘西化”或“全心全意西化”的办法，中华“固有文化”必然危同累卵。唐公于“五四”七十周年时已经见及，望能重估“五四”价值；到八十周年，更感失去“纵的承继”，已有文化萎缩的“燃眉之急”！然而又过了二三十年后的今天，仍然挽澜乏力，似乎已经无计留春住了。

当今为胡適写传者，屈指难数，然唯有唐德刚与李敖和胡適有亲切接触，心灵互通，所以写得最为真实生动。18 世纪苏格兰人包斯威尔（James Boswell）为英国文豪约翰逊（Samuel Johnson）立传，曾与传主相处百余日，果然写出一本杰作。李敖与胡適长谈一次，短叙三次，原拟写十卷本胡適评传，但出第一册后，就不想再写。胡適对这位年轻知己，青眼有加，关心备至；李敖对胡適的知遇，心存感念，但也不愿意花太多时间研究胡適了。唐德刚与胡適相处的日子要长得多，写作风格也像包斯威尔，引用对话，颇能表达亲切的感受。唐一生久居纽约，而纽约成为国共内战后许多达官贵人寄寓之地，唐有志于现代史，与那些名人，包括胡適在内，多有来往。胡適既看重他的哥大后学，又重乡谊，久而唐与之成为忘年莫逆，并完成《胡适口述自传》，口述期间两人的亲切交往，具见于《胡适杂忆》一书。正由于有机会就近观察，才能够须眉毕见；胡适不是完人，是人就有缺点。唐、李两人对胡适的评价未必相同，但皆能褒贬持平。唐德刚尊胡而不乡愿，不惜直言毋隐，但在捧胡者眼里，难以接受，崇胡的苏雪林就出小册子，书名“犹大之吻”，骂唐公是“犹大”。苏女士对胡适最欣赏的两位后学唐与李，痛恨不已，视其为恩将仇报。最引起轩然大波的是所谓“胡适的博士问题”。唐公写道：

> 胡适的博士论文《先秦名学史》……后来增补为《中国哲学史大纲（上卷）》，实在是中国文化史上一部划时代的巨著。可惜作者不识时务，误将“明月照沟渠”，大材小用，把这篇光彩辉煌、有“启蒙性贡献”的杰作，误当成学报性的文章，作为“博士论文”投入到了哥大这个汉学沟渠。不幸五大主考都不通汉学（夏德略识汉文）、不谙精义，看不懂这篇论文，所以博士生胡适就吃瘪了。

吃什么瘪呢？就是考试没过嘛！那还了得？但唐德刚不是道听途说，而是他在哥伦比亚大学手稿珍藏室所见，后来手稿非家属同意，不得再见！此事本来无关宏旨，胡適虽没有在1917年拿到学位，但是没拿到不是胡適的错，错在洋教授不识货，更何况他十年后还是取得博士学位，并无碍胡適的博士头衔。不幸的是：唐德刚说了实话，捅了篓子，引起挞伐。据我所知，唐公对此颇感无奈，未再多言。唐氏又在台北的《传记文学》杂志上连载他的“闲话胡適”，唐文写得风趣流畅，闲话匣子一开，便洋洋洒洒，滚滚而来。在畅“话”之余，不免谈到胡適的博士学位。唐教授当然知道胡適并没有在1917年回国时得到学位。其实这并不是“新闻”，早年袁同礼编中国留学生的“博士榜”时，已有发现。但袁氏的“目录学”很少人注意，而唐文因不同凡响，颇有“发挥”，看官极多，胡適的博士问题，遂成为大新闻。唐文给人的印象是：胡適因热衷于文学革命，无心读书，乃弃学回国，当北大教授，但因虚荣心之驱使，乃自称博士，并将这头衔印在他初版的《中国哲学史》封面上。其实要十年之后，胡適才于1927年携论文百部到纽约哥伦比亚大学，经其恩师杜威“玉成”，始获得学位。唐文明显肯定胡适是真博士，只是晚了十年。但字里行间告诉读者，这学位并非如胡适自谓，是“用功得来的”。这种印象一散布，便有种种“极端”的说法，有谓胡适根本是“假博士”；有谓胡适的哥伦比亚博士亦只是荣誉博士。不论何种说法，胡适与博士几乎是不可分的，博士好像是胡适大名的一部分。因为人人知道胡适不仅是“大博士”，而且他的“博士”应该用复数来表示，他的荣誉博士，不下三十个。在这种情形下，即使是骂胡者，亦不免要称他一声胡博士。哪知道，胡适逝世十几年后，他的博士居然出了问题，成了话题，这是大多数人意料所不及的。胡适的“博士”一出问题，在一般人心中，即使不对胡适的学问打折扣，至少对胡适的人格，大打折扣。在传说纷纭之际，夏志清看不过去了，要对他的“德刚兄”，也说几句“闲话”，他作了一篇考证胡适博士学位的文章，认为胡适非常人也，绝对可于两年内修毕博士学位，只因手续问题，才迟到 1927 年获得学位，并重申对胡适博士的景仰，以为胡适比博士更博学，博士算得什么！即使如夏教授所言，胡适在 1917 年就已通过博士考试，只因手续问题晚得学位十年，胡適当然知道他手续未完，却明知博士未到手，仍然自称博士，还把头衔印在书上。后来胡適解释说是书商的噱头，不免想要圆谎，愈圆愈谎，成为读书人的“真诚”问题，与博士之是否值钱，以及胡適比“博士”还渊博，是两码子事了。胡適至少有“欺世盗名”十年之“罪”。事实上，唐德刚告诉我，他看过哥大的档案记录，胡適在 1917 年的确没有通过博考，所以无法交出规定需要的一百本论文，直到 1927 年经由杜威才拿到学位。胡適名满天下，谤亦随之，从来就有“骂胡”与“捧胡”两派。两派之外，唐公知胡之深，不掩瑕瑜，无疑是首屈一指的“知胡”派，他对中国文字与文化的看法，更近徐而远胡，说明子老所忧虑者非假。

当“五四”百年之际，尘埃逐渐落定。徐子明先生所忧虑的雅言沦亡、国学式微的后果日渐明显。北京大学于 2019 年举办“纪念胡適与‘五四’新文化运动”的学术会议，我应邀参加，提交的论文主题就是“重评胡適的功与过”。我认为胡適推广白话文是有功的，但主张“全盘西化”，过莫大焉。他后来改称“充分西化”，换汤不换药。他全面抨击传统，高唱“文学革命”，宣称文言为“死文字”，以白话取代文言。类此议论莫不是错误的浪漫情调，并无启蒙精神。欧洲的文艺复兴是从中古的黑暗中复苏，是欧洲文化自身的复兴，而胡適自称的“中国文艺复兴”，则是要求“现代化”（实即西化），从引进西方的物质文明如船舰、器械等，到采用西方政治制度，以及最后思想上的全面西化，而以文学革命为先导，以取代他所认为的黑暗传统。胡適高唱“充分西化”，认为非如此国家无法进步与繁荣。他错误的认知源于对西方文化整体认识不足，昧于自然科学与人文学科的差异。自然科学没有国界，可以普及，可以复制，但人文学科有历史文化的背景，有洋人所谓的“主体性”（subjectivity），无从“山寨”。而胡適不辨“菽麦”，影响所及，吾华科技迎头赶上，而人文则屡见东施效颦的恶果，文言传统断裂，白话失其源头，曲从西洋语法，如陈寅恪所说的“认贼作父”，国学欲振乏力。子老所谓的胡祸，影响不轻啊。

# 第三章　天涯存知己

我于1962年秋天到美国留学，毕业后留在美国执教，到2003年才回台湾长住。我流寓北美约四十年，其间师友多不胜数，但印象深刻，长期保持联系、鱼雁不断的很少，特别难忘的洋师友有三位。我到美国的首站是俄勒冈大学（University of Oregon），校址在尤金（Eugene），学校像在花园里，四周没有围墙，进入市区，几乎没有高楼大厦，小镇风貌，是一座非常幽静的大学城。学校图书馆已用开架方式，便于阅览，学校所开设的书店宽敞明亮，新书满架，记得买到当年刚出版的卡尔（E. H. Carr）的《什么是历史？》（*What is History?*）。小城街上又有好几家旧书店，颇多名著，我曾买到子明先生推荐的莫特雷（John L. Motley）的1856年原版《荷兰共和国兴起史》(*The Rise of the Dutch Republic*)。

更幸运的是遇到非常友善的洋老师，教美国外交史的霍博（Paul S. Holbo）教授，当时他三十三岁，大我十岁。他看起来英俊挺拔，性情特别和蔼可亲，对远道来的中国学生，特别关切呵护。我选了他所有的课，读了不少他推荐的书籍，发现一个条约，可以写成一本厚厚的大书，如名家比米斯（Samuel Flagg Bemis）的《解氏条约》(*Jay's Treaty：A Study in Commerce and Diplomacy*)。英美于1794年订立此约，确定商务、航运等友善项目，避免了战争。当时我曾想到像1842年的《南京条约》，更可大书特书。当霍教授讲到19世纪末美国国务卿海约翰（John Hay）的门户开放政策时，特别注意到此一政策的出现。在“拳乱”之后，中国有被列国瓜分之虞时，由于美国在华没有势力范围，所以提出中国领土完整的门户开放政策，重点是中国门户开放、领土完整，美国才能利益均沾。然则，此政策仍然是以美国国家利益为主，而当时国内许多教科书仍视为是对华的友善政策。霍教授在一篇书评论文中提到，许多人都称赞“门户开放”的成功，其实由于当时美国在远东的国力不足，海约翰虽然是谦谦君子，甚至还是诗人，但未能真正落实他的政策，当时主宰远东的还是英帝。

霍教授因有中国学生，更注意到中美外交史的诸多问题，后来出版了一本《美国对华政策史：从不平等条约到文化革命》(*United States Policies Toward China: from Unequal Treaties to the Cultural Revolution*)，并题签一本赠我。

两年后我在霍教授的指导下完成硕士学位，转学西雅图的华盛顿大学，师从萧公权先生。然我与霍教授信函不断，直到新世纪开始，他已退休，而电邮取代书信，又因迁居失联，已多年未通鱼雁。他已九十多岁，我衷心祝福他健康长寿。西方人的师生关系有别于东方，东方人敬重于亲，而西方人亲重于敬。我们中国人绝不敢直呼师名，但美国人却以为不呼名为不亲，我初不习惯，后来只好从俗，我称他保罗，他称我荣祖。

霍教授一直与母亲同住，不同于一般美国人的习惯，一直到他母亲于九十高龄因心脏病去世。霍教授在多年的通信中，也一再提到他母亲，为母亲老而弥健而高兴。每逢圣诞节，卡片外必附有长信，有时还有照片，可看到他儿女的成长。他的儿子 John 芝加哥大学本科毕业后，赴加州大学伯克利校区读哲学，获博士学位，女儿 Chris 入耶鲁大学攻读艺术，在音乐与诗歌上很有成就。学人之家，就是书香之家。大约在 1977 年，我执教的维州理工与州立大学征聘文理学院院长，霍教授是三位最佳候选人之一，他来访面试，得以与我相聚数日，高兴异常。可惜他以一票之差落选，否则师生同校执教，乐何如之？霍教授是共和党人，他有鉴于俄勒冈州的共和党过于右倾，而参与 1990 年的州议员的选举，终因财力不济而没有成功。他们一家曾于 1989 年有东方之游，到过日本、韩国与中国厦门，没过海峡到中国台湾，当时我不在台湾，否则当能有愉快的再次相聚。

我于 1965 年转往西雅图华盛顿大学历史研究所，翌年与台大同班同学陆善仪结婚，由物理学家高叔哿先生与严倚云教授陪往公证。高先生是高梦旦之子，严先生是严复的长孙女。胡適是高梦旦的老朋友，介绍高、严两位认识，并缔结良缘。当时居住在西雅图九十岁高龄的胡敦复先生，是老教育家。据他说，第二届庚款考试原只录取五十名，因他主张增加名额，在五十名之外的胡適才入选。他亲自带领所有的学生到美国，安排他们一一入学。他一直保留那张录取名单。胡適生前一直尊敦复先生为师。敦复先生夫妇莅临我们的婚礼，我特感荣幸。

我进入西雅图华盛顿大学历史系的博士班，口、笔试及格后须选四个领域，但其中两个必须在专修领域之外。我便以中国古代与近代史作为主修，以俄国史与日本史为副修，教俄国史的老师是颇具名望的屈莱果教授（Prof. Donald W. Treadgold）。屈教授是牛津大学博士，从1949年起一直在华大执教，曾任历史系的系主任，极受学生们的欢迎，曾入选全美十位最佳教授名单。

屈教授著作宏富，曾赴台湾大学客座一年，主讲俄国史，结识了殷海光教授。因两家住得很近，孩子们亦常在一起玩，彼此也很谈得来。屈教授虽教了半年就回美，但与殷海光一直维持联系，彼此互通问候，音信不断，并互赠书籍。当时华大远东及俄国学院有笔基金，专给亚洲学者购书之用。殷海光知道后，开了书单，积极争取。屈教授从旁协助，将许多有关哲学、历史及社会科学方面的书籍，陆续邮寄到台湾。屈教授也收到殷先生的赠书，包括殷先生新著《中国文化的展望》，我亲见屈教授抽空阅读殷书，想从中了解殷先生对中国近代思想的看法。但不久就听到殷书在台被禁，以及殷海光被迫离开台大的事。屈教授很关心这件事，当他收到殷的回信后，才知道事情的严重，蒋政权迫害有异议的知识分子，不遗余力。殷海光设法离开台湾，但他知道除非在美国找到教职，否则如何申请去美？屈教授得知后积极打听求职的消息，为殷海光写推荐信，但殷在美觅职的最大困难是他的专业是西方哲学，很少有美国大学愿意聘请一位中国的“罗素学家”。最后哈佛大学的燕京学社于 1967 年愿意聘请殷海光研究中国近代思想史，但申请赴美的手续并不顺利，因官府故意拖延。殷先生并未绝望，要求屈教授以及其他朋友帮忙。当殷赴美事有一线希望时，命运似乎在捉弄人，忽传殷患了癌症，已无法赴美。屈教授于 1968 年的夏天，有亚洲之行，顺道至台北看望殷海光。重聚之后，不到十五个月，殷因胃癌复发而逝世。殷去世后，屈教授认殷氏独女文丽为义女，但仍然保持殷姓，这是屈氏夫妇的人情味。殷文丽以屈氏夫妇义女的身份于 1973

年申请前往美国，不料申请仍然一再被拖延。屈氏夫妇非常生气，曾写信给当时台北的美国使馆责问，并请华盛顿州的贾克逊议员催促。美国领事终于将文丽赴美事办好。文丽到美后，与屈家两个女儿一起上西雅图最好的私立中学，文丽高中毕业后，进入伊利诺伊州的惠顿学院，与殷母住处相近，母女时常有见面的机会。这段异国友情十分难得，可称佳话。萧公权先生于 1972 年 9 月 2 日自西雅图来信说："屈莱果君收养殷海光之女，此公古道热肠，为其一贯作风，可敬可佩，在近日世风浇薄之美国，最为难得。"

屈教授的中国缘，使他留意中国的历史与文化，计划写西方对俄国与中国的影响，为了深入研究中国部分，他开始学中文，以便利用中文资料。陆善仪原是他的研究助理，当她被调去教汉语，我正好到华大，又选读俄国史，他就要我每天清晨跟他研读相关中文史料一小时，直到书稿的完成。他每写好一章，就提到"中国讨论会"（China Colloquium）上讨论与批评。他前后花了十年功夫完成《西方思潮冲击下的俄国与中国》（*The West in Russia and China: Religious and Secular Thought in Modern Times*），上册俄国，下册中国。他自豪地说："很多人可以批评此书的某些部分，但没有人能够批评此书的全部。"书出版后，屈教授题签精装本给我，并在序言中对所有帮助他的人致谢，我与有荣焉。

我读俄国史读到屈教授的《列宁及其政敌：为俄国前途奋斗》(*Lenin and His Rivals: the Struggle for Russia's Future*）一书，很有启发。他先铺陈社会背景，由于帝俄农村经济的破产，民不聊生，知识阶层（Intelligentsia）为民请命而政府反应无力，遂驱使关切民瘼的知识之士走向暴力革命，各为俄国的前途拼搏，列宁即其中之一人。他于 1898 年乘群众政治运动兴起之际，"逐鹿问鼎"。马克思主义革命风潮之所以在俄国得势，固有其系统哲学为之鼓动风潮，屈师尤其注意到逐鹿群雄中自由主义派的软弱，领导人如施波夫（Shipov）与弥流可夫（Milyukov）不仅组织松散，且缺乏明确的理论与目标，对当时俄国的局势又无清晰的认识。至于社会革命派（SR）的领导人漆扶诺夫（Chevnov），对阶级斗争并无认识，故难以建立坚固的社会阶级基础，其虽注意到农村问题，但又无正确的农村计划，采暗杀手段，亦非长久之计。列宁凭其辩才无碍，看准社会问题之所在，提出“农民有其田”（land for the peasants）等响亮的口号，终于击败群雄而胜出。屈教授写列宁，不是写列宁的全传，而是取其生平最重要的一个环节，作专题的深入研究，成为以人论事的历史佳作。

我除了从屈教授学到一些俄国史的知识之外，也增加对史学的理解。历史写作必须要能批评旧作，有创新的见解才有价值。史学家可以利用科学方法，但史学和科学毕竟有异，历史无法用实验来证明或重演结果。史学也无必要科学化。史家非仅记录事实，成功的史家多有赖于对人类了解的能力，也有赖于考证与书写的能力。大史学家如吉本和麦考雷等的特色，就在于他们高超的文字表达能力，以及对人性的深刻了解。屈教授对当年盛行“行为科学”的“反潮流”，很有意见。记得他提到有一年，有一位行为科学家和一位历史学家在美国年度历史学会上，联合发表一篇关于美国内战的论文。他们只是集合内战起因的资料，编制一个统计表。评论那篇论文的先生，以误入歧途为悲，拒作评论而离场。屈教授完全同意那位评论人，认为那篇论文实在不堪卒读。他又说曾见到一篇用数学符号编成的社会学论文，那位作者要预测两个都市间长途电话的次数，而他的根据只是两市的人口与距离。学者的聪明、精力与时间竟然如此地浪费，很令人警惕。

“二战”以后成名的美国汉学家之中，牟复礼（Frederick W. Mote）教授是最温文儒雅的一位。他不但能说地道流利的汉语，也能浏览文言，还能写毛笔字，在汉学的造诣上远远超过费正清、史景迁等人。他更有翩翩儒者风范，卓尔不群。他平生最佩服的人是他的老师萧公权先生，即使成为名教授之后仍然执礼甚恭，在给我的信中提到萧先生时必称“我们爱戴的师长”（our beloved mentor）。我视牟教授为前辈，但他却视我为萧门师弟，坚持让我写信时称他“Fritz”，三十年来鱼雁不断，也使我能够披览旧笺，不仅重温长者书函的亲切，而且重新唤起尘封的记忆。

牟教授于 1970 年从普林斯顿大学来华大执教，他的主要目的是想与萧先生在一起，将萧氏巨著《中国政治思想史》翻译成英文。他显然有意长住西雅图，但因人事纠葛，他无法留下来，于是不到两年他又回到普大。我于 1971 年毕业前，有整整一学年的时间，旁听牟教授的课，课余也有机会向他请益。

牟教授回普林斯顿，我去维州任教，偶尔在学术会议上见面，但经常通信，互赠文章。我每次寄文章求教，他总是客气地称许。抚读旧笺，长者奖饰之语，至今仍然令我不胜感愧。我于1981年的夏天有机会前往中国大陆做半年的访问研究，特别途经西雅图看望迹园师，想不到就在这一年的岁暮萧老师就过世了。我在翌年元月从上海写信给牟教授，迟迟未见回复，直到1982年的10月才收到他写的信。他说："萧博士之突然离开人间，对我而言是一极大的个人伤痛，我知道你也如此。我们失去了伟大的老师与朋友，我们再也见不到像他这样的人物。我多么遗憾没有在他生前完成《中国政治思想史》的英译工作。完成此一工作以及见其出版，将是我最大的心愿，我相信我可以完成它。"他更加感到难过的是他未能亲赴西雅图参加萧先生的葬礼，他在信中说，他在1981年的夏末，正准备开始休假，忽然得了癌症，住进丹佛市的医院接受化疗。休假完了之后还要请病假。他说化疗是极其累人的过程，使他无法正常工作。一年半以后，他才回到普林斯顿大学教书。他于2000年5

月癌症复发，仍然以完成萧著英译为首要目标；他在信中说，他在3月结束化疗以后，再回到这个工作，但每天只能做三四个小时，而平常他每日可工作八到十小时，他希望能持续到夏天。他说翻译萧著是件愉快的事，然亦极为艰苦；他不仅体力不支，而且记忆力也大不如前。他翻译萧著的执着与念兹在兹，令人感动。译本第一卷已于1979年由普林斯顿大学出版社出版，不过只译到第6世纪。很可惜他过世前还是没能完成此一翻译工作。

牟教授文史兼通，他曾以诗人高適为题，出版过专书，史学方面则重元明清史。1981年之秋，我在上海买到新出的陈寅恪《柳如是别传》，回美后寄送了一套给牟教授。他收到后于1982年12月9日回信说："我记得在1980年的春天，在普林斯顿开了一门明史专题研究，讨论17世纪史家如何研究以钱谦益为焦点的晚明历史。当这门课快结束时，才从香港《明报月刊》上得知陈寅恪留下大量遗稿，包括《柳如是别传》在内，已来不及在课堂上用到，但我们谈到这本书都兴奋地期待，不知陈教授如何来验证钱谦益一直忠于明朝，以及他会给柳如是多高的评价。我现在得以阅读此书，特别感到欣慰，我想我要利用新材料再开这门课，或干脆聚焦于钱、柳以及那个时代的思想情景。我特别高兴看到陈寅恪充分驳斥了吴晗丑诋钱谦益的文章。”

牟教授于1987年自普林斯顿大学荣休，他于7月2日来信说：“我与陈大端已于上个月退休，我们两人都刚到65岁，在10年前我们就约好在这个时候退休，我俩都认为年轻一辈会教得更好。我现在想把我所有的时间做我自己的工作，包括完成萧氏《中国政治思想史》的翻译。这个冬天我们将作两个月的亚洲之旅，然后每年在普林斯顿二三个月，我们仍然保留那里的房子，但是大部分的时间会住在科罗拉多州。”他在科罗拉多州格兰比（Granby）的山居，是他的最爱，退休后又住更宽敞的新居，可以放置更多的藏书。他于1988年9月28日的来信说“退休真好”（Retirement is wonderful）。他在普林斯顿的日本式房子也十分精致，我曾到访，有非常舒适的感觉。

他与牟夫人以及陈大端夫妇的亚洲之旅包括台北在内，而且一住就是两个月，我当时仍在维琴尼亚州教书，而在前一年联经出版事业公司的林载爵兄曾招待我与善仪到联合报的南园一游，我觉得很有闽南色彩，很有意思，遂央请载爵兄也接待牟教授一行。载爵兄不仅欣然同意，而且力尽地主之谊。牟教授于1987年岁末，离开台北之前，在金华街110号写信给我说，在台湾两个月既愉快又丰收，“我们去了最开心的地方，要感谢你，我们跟林载爵去了南园，他真是一个好人，聪明又好客，对待我们非常之好。南园及其精舍是设计的精品，很有品味；我们在台湾看不到太多有品味的东西，但南园与东海大学校园是例外。我们会永远记得这两个地方，所以我们诚心地要谢谢你”。牟教授还去了“中央研究院”，见到我的老朋友张朋园。他说他以前见过张先生，但不曾有机会谈研究，此时牟教授正在研究云南与大西南，这也是朋园兄的兴趣所在，所以此次见面他觉得不但有益而且非常愉快。

牟教授于1990年6月在《哈佛亚洲学报》（*Harvard Journal of Asiatic Studies*）上发表了一篇论史华慈（Benjamin Schwartz）近著《古代中国的思想世界》（*The World of Thought in Ancient China*）的书评。我收到这篇题签的抽印本后，读之觉得很可以译介给中文读者；当我将译稿寄给他仔细阅读后，他于 1991 年 1 月 7 日的信中说：译文既“精彩”（excellent）又“仔细”（most thoughtful），他有幸追随译笔发现自己有“不可救药的英文”（my impossible English text）。他觉得他好像也有春秋笔法，常常有意称赞史华慈的话读来却像是有条件的称赞，甚至变成“委婉的批评”（subtle criticism）。他扬人抑己的谦和风范，于此可见。其实，他要说明的是翻译的问题，他同意我所说的，翻译是一个“跨文化的操练”（cross-cultural exercise），而这种操练几乎是不可能让人满意的。他提到萧公权先生曾说不值得翻译他的书，但牟教授不同意，他觉得自己的书评论文倒是不值得翻译，他要我决定是否有发表的价值，其虚怀若谷有如此。后来译文发表在《中华文史论丛》上，引起大陆学者的注意，上海王元化先生还因而写了一篇回应的文章。当牟教授看到发表的译文，觉得很满意，在 1993 年 8 月 25 日来信说：“我评论史华慈的书并不重要，不过我的书评也许会引起中国学术界一点兴趣，正如你所说可借此理解美国汉学界学术讨论的大概，中国学者也许有兴趣知道，博学如史华慈会视中国文明为世界人类史不可或缺的一部分来做比较。”

美国史丹佛大学出版社于1990年出版了日本史家岛田虔次论章太炎的一本书，由一位美国学者翻译成英文出版。我见到书中有不少错误，于是写了一篇书评，登在1991年澳大利亚出版的《亚洲研究评论》(*Asian Studies Review*, Vol. 15, No.2)上。我寄了抽印本给牟教授，他于12月30日的回信说：“你前年由牛津大学出版社出版的《寻找现代民族主义：章炳麟与革命中国》(*Search for Modern Nationalism: Zhang Binglin and Revolutionary China*)给你特殊的权威来评论这本不幸的书，你所示岛田缺失的证据令我震惊，更不要说那个译者的错误了。你的书评应该广为流传，我做了好几份复印本送给普林斯顿大学的同仁，可惜书评中没有提到你自己的新作。我早已觉得美国以及西方学者对许多日本人的中国学问，评价过高，当然也有一些相当好的，像你这样的书评可以帮助评估这块学术园地。”我接读此函，固然明白这是牟教授一贯对我的鼓励，但亦因闻此知己之言，而感到书评没有白写。

哈佛大学出版社于1999年出版了牟复礼教授的

皇皇巨著《帝制中国：900—1800》（*Imperial China, 900—1800*），起自五代，止于乾隆。当我于2000年的年初收到他题赠的千余页大书，真感到是一份珍贵的礼物。此书不仅印制精美，而且文字迷人，读之忘倦，展现了气势宏大的大叙事。然而又非叙而不论，书中对诸如中国士绅阶级的性质，人口爆炸问题，与周边国家之间的关系，以及许多抽象概念，都提供了极有说服力的解释与说明。

夏威夷大学出版社在2001年出版了我的《追寻失落的圆明园》（*A Paradise Lost: the Imperial Garden Yuanming Yuan*），无论在格局上或内容上远不能与牟教授的大著相提并论；然而当牟教授收到我的赠书后，于8月23日的信中，仍一贯予以鼓励，他很喜欢书名，认为是“一本漂亮的书”（A beautiful book），不仅内容丰富而且插图美观，有些图片他从未见过。他说第7章所述圆明园之焚毁，不忍卒读，此种悲剧在19世纪中国一再发生，一波又一波毫无理性的文化摧残，使中国人民损失惨重。他认为“你对此一专题谨慎的研究与叙事因而也特别有价值”云。此时牟教授逐渐恢复健康，在信中说他又回到翻译萧著的工作。

在新世纪到来之前，台北的纯智文教基金会设立了崇高的萧公权讲座，牟复礼教授以他的学术以及与萧先生的关系，应是首届讲座的不二人选；然而当主办的“中研院”近史所吕芳上所长邀请他时，他于 2000 年 5 月 14 日来信提及此事，他非常高兴讲座的设立，但甚感“惶恐”(consternation)。他自觉为尊崇萧先生，有义务尽力而为，但他的健康在过去两三年中更加恶化，实在力不从心。他不愿意多谈他的健康问题，因不仅无趣，而且不希望成为闲语或谣言的话题，所以普林斯顿的朋友们都不知道他生病。不过，他一定要坦白地告诉我，他的丹佛医生自 1981 年 6 月诊断他有“非霍奇金淋巴瘤”(non-Hodgkins lymphoma）之后，他连续治疗已有 19 个年头。自 1998 年 6 月以来，他又再度化疗，他说化疗严重消耗他的体力，有时完全无法工作。读到此信，我才知道他的癌症又复发了，才知道他病了那么久，真为之唏嘘不已。

我于 2001 年 9 月 2 日写信给牟教授，告诉他我在北京蓝旗营看望周一良教授，周教授看起来很衰弱，已经不能走路，坐在轮椅上，并寄赠一张在周家书房的合照。当他收到信与照片之后，于 10 月 10 日来信说：他将珍藏这张照片，近年来经过住在纽约的周一良儿子，他已与周教授取得联系，去年 2 月还收到一册周老太爷的《弢翁藏书年谱》(李国庆编著)。他非常高兴收到这本书，不仅因其内容丰富，而且牟教授于 1945 年在天津见过这位大藏书家周叔弢先生，印象深刻。牟教授告诉我，周教授夫人邓懿女士是他 58 年前在哈佛读书时的中文老师之一。他还说最近联经出版的《论学谈诗二十年》，胡适与杨联陞往来的书信集中，不时提到周一良。牟教授认为，这本书信集反映了战时以及战后在哈佛中国学者们的思想氛围，他就在那氛围中认识了周一良与其他许多学者，并于 1943—1944 年对研究中国产生了浓厚的兴趣。接着他感慨地说："如果周教授老矣，我也是啊！"(If Professor Zhou is getting old，so am I.）他觉得那些岁月以及战后在中国的五年，好像是非常遥远的事。他再感慨地在信中写道："我的记忆日衰，你瞧我已不再有用，但我仍然喜欢重温早年的旧梦。"当我告知他周一良教授逝世的消息后，他在 2001 年 12 月 18 日回信说，周教授的儿子已将噩耗转知，并转交周教授最后一本书《郊叟曝言》。他说此书中收集了许多引人入胜的短文，尤其可读的是对故人与旧事的回忆。他犹忆大约在 1980 年，周教授到普林斯顿演讲，说到他因摆脱出身“剥削阶级”的重负，于 50 年代过于热衷服务新中国，作了错误的判断而感到遗憾。不过，牟教授说他一直认为周教授是正直的人，为他受到苦难而深表同情。

牟复礼教授就是这样厚道的人，待人总是体贴入微。他特别爱好中国文化，他娶了一位美丽的中国妻子，与他白首偕老。我与他三十余年来音讯不断，不时问候，承牟夫人陈晓兰相告，牟教授于 2005 年做切除脑部肿瘤手术，原本相当成功，不料即于同年 2 月病逝。翌年 11 月 19 日至 21 日在台湾中坜“中央大学”由普大与中大联合举办纪念牟复礼教授学术研讨会，与会学者除来自海峡两岸及香港外，还有来自美国、以色列、澳大利亚、新加坡的。会议之后，出版了中英文纪念论文集各一册。

牟先生过世五年后，他的回忆录出版，书名是《中国与 20 世纪的历史学：我的回忆》（*China and the*

*Vocation of History in the Twentieth Century: A Personal Memoir*），仍由普林斯顿大学出版。此书于牟教授身后出版，并非完整的回忆录，而是他留下来的遗稿、笔记等的合璧，反映他于 1940 年代在华的观感与心得，多有关当时中国历史研究的情况，例如详细纪录了顾颉刚与柳诒徵之间对大禹与上古史的尖锐讨论。

我于 1971 年的秋天到维州理工与州立大学任教，此校是 19 世纪的所谓"赠地大学"（land-grant universities）之一，即美国联邦政府在较偏远地区划出大块土地建立大学，所以每个"赠地大学"的校园都很宽广。我到维州理工与州立大学时正值百年校庆，学校位于小镇"黑堡"（Blacksburg），却几无黑人，全镇人口不到四万，学生就有二万五千之多，是名副其实的大学城。

大约在 1975 年，有一位来自牛津大学的访问教授，他来访一学期的报酬高于最高薪正教授的年薪，可以略见美国高校对英国名校老师的敬重。他姓侯斯名麦可（Michael Hurst），来自牛津的圣约翰学院，他专攻近代史，尤重政治、外交、军事史，师从名家泰勒（A. J. P. Taylor）。他只身前来美国，一人独居，常找一位犹裔英国教授聊天，这位统计学教授来头不小，“二战”时以破解德国密码而闻名，维州理工与州立大学以最高薪把他从英国聘来，两人餐叙，牛津腔往来，其乐无穷。他与系中其他同仁很少来往，却对我很感兴趣，常找我闲聊。我见他经常外食，有时请他一起回家便餐，餐后在地下室书房谈古论今，月旦人物。我与他至少有十年的交往，成为挚友。我问他何以每年离妻女数月，忍受寂寞，他不讳言为了多赚些钱。大英帝国衰落，远不及美国富裕，但在文化上仍有优势，麦可也不例外。有一次我与他在麦当劳午餐，漂亮的女服务员听到我们聊天，满脸笑容向侯斯说：“你的英国口音真好听！”不料麦可立即回话说：“我没有口音，我说我自己的话。”（I don't have accent，I speak my own language.）女侍恭维反而遭呛，尴尬地离去，而麦可则得意地笑笑，然后继续跟我说话。在美国的大学教书，几乎无人没有博士学位，因其是申请教职的首要条件。但麦可说他就没有博士学位，在牛津最吃香的是本科“顶级生”（Class A Student）毕业。他说美国学校喜欢授博士学位，既可赚外汇，又可影响第三世界，第三世界的学者尤其趋之若鹜。所以牛津也搞个“博士学位”（DPhil），只需交一篇论文，通过口试即得。他说外国人很重视这个学位，但英国人并不在乎！

麦可的专业是近代政治、军事、外交史，尤重19与20世纪的英国史，著作甚勤，对爱尔兰史尤有深入的研究。他来维州理工与州立大学客座，除教历史外，他也开文学的课，他认为文学与历史有关，他曾开一门19世纪英国小说家的课，选讲八位作家，而以哈迪（Thomas Hardy）的《卡斯特桥市长》（*The Mayor of Casterbridge*）、奥斯丁（Jane Austen）的《傲慢与偏见》（*Pride and Prejudice*）与狄更生（Charles Dickens）的《艰难时世》（*Hard Times*）为主要教材，从小说探究那个时代的阶级制度。他说有许多流失的历史讯息会保留在小说里，史家不可轻忽。他的著作都是史书，他送我的三本专书中，我印象最深的是《潘奈尔与爱尔兰民族主义》（*Parnell and Irish Nationalism*）。此书篇幅虽小，却具有独到的新见，行文洒脱而有风致。我颇爱读此书，作者先铺陈英格兰与爱尔兰之间的矛盾有复杂的历史背景，爱尔兰的民族主义非仅有关民族问题，且掺杂土地的拥有与使用、天主教与新教的冲突等问题，以及留美爱尔兰移民的反英情绪起了推波助澜的作用。潘奈尔（Charles S. Parnell）乘势而起，成立爱尔兰民族党，其思想与行动都很激进。潘奈尔曾说：无人有权力来限制一个奋发前进民族的疆域，他成为最会运用权力的爱尔兰领袖，获得“爱尔兰无冕王”（Uncrowned King of Ireland）的称号，但毕竟事与愿违。麦可在书中巧妙地说：爱尔兰的“理”敌不过英格兰的“力”，潘奈尔虽尽了他的洪荒之力，仍然无法回天，但他的激情与凶猛，只有用“雾霾的天空虽然澄清了，但未尝没有一场风暴”（So foul a sky clears not without a storm）来形容！潘奈尔虽死，但影响犹在，爱尔兰终于建国，而又分裂，信奉天主教的爱尔兰无法使北爱尔兰的新教徒“凤还巢”。麦可的原文是：“The Messiah has yet to come who can lure the Protestant birds from off their Unionist trees and into the Dublin nest.”文学家用譬，麦可写史也善用譬，运用之妙，寓意之深，已达到随心所欲的境界。

麦可·侯斯以泰勒门下“头等生”为荣，说到他的业师，我甚感兴趣，因他史笔动人，且带风趣，如他很瞧不起意大利独裁者墨索里尼，认为他是没有信仰的演员，在一篇文章中很风趣地将墨索里尼比作“纸板上的狮子”(The Cardboard Lion)，看起来很凶，其实不中用。但他并不认为希特勒事先就有征服世界的计划，只不过像其他强权一样，为其本国争霸而已。希特勒在战后被视为混世魔王，泰勒的翻案文章出现在1961年问世的《二战起源》(*The Origins of the Second World War*)一书中，引起轩然大波，牛津大学一度停聘泰勒。但此书影响深远，毕竟被视为经典之作，为讨论“二战”必读的书。我提到他老师文笔之佳，麦可特别高兴，因他就是学到老师的文笔，他说英文写得好，不但要流畅，而且要有音乐般的节奏。我说中文的四声单音字，读起来更有节奏，吟诗时平仄音调铿锵悦耳，我背诵《枫桥夜泊》给他听，他大为惊奇说中文太有音乐感了。可惜我们写白话文往往不自觉陷入外文语法，失去中文优异的特色。

麦可于1985年4月12日来信说，他患有支气管炎(Bronchitis)之外，另有奇怪的疼痛，他怀疑饮用浓缩的橘子水过多之故，的确我与他在餐厅用餐时，他一定要喝一大杯浓浓的柳橙汁，以为新鲜可口，但多饮必有后患。我离开维州理工与州立大学后，与他失去联系，近年见到牛津大学的公告，说麦克·侯斯于 2016 年因久病而去世。我记得他生于 1933 年，卒年八十三岁。我看到他写的长信短简，几乎都是亲笔，不多用打字工具，字迹一丝不苟，不免睹物思人也。

# 第四章 海外中国学者第一人

哈佛大学杨联陞教授曾以“海外中国学者第一人”，推许萧公权先生，应是由衷之言。萧先生闻之谦让，然就中西文史之学的涵养之深，中英文运用能力之强，他当之无愧。胡適名气比他大得多，但萧师的学问比胡適高出太多。他在研究中国政治思想之前，专攻西洋政治哲学，他写成博士论文《政治多元论》（*Political Pluralism*）时才二十六岁，这篇论文翌年即由英国著名出版社出版，《伦敦时报文学副刊》《哲学学报》《美国政治科学评论》《国家》等第一流期刊，都给予了很高的评价，连萧先生的主要批评对象之一、当时名望很高的政治思想大家拉斯基（Harold Laski）也在《新共和》上发表评论，佩服“此书才力与魅力均巨”，认为是五年以来论述政治思想的最佳著作。眼界甚高的何炳棣教授更认为这是中国留学生最佳两篇博士论文之一。而胡適的博士论文则自费由上海商务印书馆印行，几未获西方学界的重视。更勿论萧先生于 1960 年出版的《中国乡村》(*Rural China*)获得“美国学术团体联合会”(American Council of Learned Societies)极其尊荣的学术大奖，为东方学者获此殊荣的第一人。奖状上说：萧先生“融合中西两个伟大传统的精华”，在少年时即论述西洋政治思想，表现出“创造性的灼见”，壮年撰写中国政治思想史，展示“自辟蹊径的史识”，不仅仅是一位学者，也是“诗人、作家和哲学家”。消息传出，台湾与香港等地曾专电驰报。萧先生任教的华盛顿大学校长以盛宴款待，全体宾客起立致敬，以酬谢萧氏在学术上的卓越贡献。

我于 1965 年的秋天到西雅图华大就读，才拜识萧先生，得其教诲。萧师江西泰和人，清华庚申级毕业，美国康奈尔大学博士，历任南开、燕京、清华等大学教授。战后获选为“中研院”首届院士，1947 年在台湾大学执教一年后，即转往美国西雅图华盛顿大学任教，至 1968 年春天退休。犹记萧师最后一堂课的情景，他在结束讲话时，提到大哲学家兼诗人桑塔亚那（George Santayana）在哈佛大学上课时，忽见窗台上的知更鸟，回头向学生们说“我与阳春有约”（I have a date with spring），下课后立即请辞，退隐著书，时年还不满五十岁，已经从心所欲。萧先生接着说，他不是要学桑塔亚那，但知道一个桑氏不知道的秘密：按照北宋邵雍的说法，任何事物 129,600 年后都会一一重现。他与同学们相约于 129,600 年后再见，随即离开教室，博得全堂掌声。

萧先生行事低调，不喜应酬。我有好几年住在萧家隔壁的楼上，所以常常随萧先生于课后自校园步行回家，一边聆听他数说往事掌故，我也乘机就教释疑。我于 1971 年毕业时曾在萧家门口与师合影，当时大杜鹃花（rhododendron）盛开，照片中仍清晰可见。我移居美国东岸后，与萧先生书信往来，十年未断。1981 年夏天我得到美中学术交流会的资助往访中国大陆，途经西雅图拜见萧先生，见到他的身体已大不如前，但谈锋仍健，相约明年再见，没想到这是最后一面。未待我回美，就在中国大陆接到萧先生不幸仙逝的消息。先生出生于 1897 年 11 月 29 日，因战后出国办护照时误植为 12 月 29 日，遂将错就错，这个日期反而成为他的合法生日。

萧先生自七十一岁退休后，并无重大疾病，仅受腰痛背酸的困扰，然经持续散步与柔体操，逐渐康复。但他不幸于 1978 年 7 月因洗浴不慎，再度将腰折伤，疼痛不堪，日以继夜，终未再愈。但他仍一本平生的豁达，坦然处之。是年夏天，我趋前侍谈，即感觉迹园师容貌有点憔悴，谈话时不时难掩痛苦，而且每隔若干小时需要点一次眼药，以免失明之虞。翌年夏天，我再去拜师，他更加瘦了。他多年不适，虽无大碍，但影响情绪。他原来兴趣甚广，读书写作之外，音乐、摄影、金石、莳花、种竹无不爱好，甚至对烹调也有兴趣。但他自 1979 年之后，兴趣消失殆尽，感到生活乏味，连心爱的书也不要了，随手送人。后来，即使一日三餐，也觉得难以下咽。萧师母精心调制的菜肴，也不能使他感到可口。自 1981 年 9 月以后，萧先生得了前所未有的胃疾，几不能饮食，且日趋严重。11 月 3 日晚，萧师忽觉胃口大开，想吃东西，吃了又饿。午夜前忽欲如厕，即在如厕时昏厥，经医救治无效，卒于 4 日清晨，遽归道山，享年八十四岁。迹园师逝世后，华盛顿大学有庄严隆重的追悼会，墓地在西雅图市近郊，铜牌一块，鲜花一束，一代学人就此长眠，永远安息。我于1982年2月回到西雅图，萧寓门前翠竹依旧，但再也见不到萧先生的音容笑貌，在华盛顿湖畔望风悲叹，凭吊师魂，徘徊久之。感念西城旧事，宛如一梦，唯剩哀思。

萧先生以哲人而兼擅韵律，撰有《迹园诗稿》与《画梦词》两种，线装精印，合为《小桐阴馆诗词》，收入全集。诗义瑰璋，格律谨严、才思横溢不让先贤。《画梦词》所收四阕《少年游》之一，道出万里寄踪，滞留天涯，思念凤城旧事，归计成休，以天涯也有弯环月自解。台北“中研院”钱思亮院长因而邀萧师回台定居，以解乡愁，唯萧师“故国艰难千里梦”中之故国，乃指中国大陆，非丽岛台湾，流寓丽岛的大陆人士未免以杭州为汴州矣。丙辰年先生八十生朝，有句云：“八十衰翁意若何？无须叹老且长歌，三经尘劫身犹在，重渡沧溟须已皤，脚健都因行路远，眼明不碍看书多，晓窗乘兴题新句，麝墨流香细细磨。”略见先生平生际遇与情怀。萧先生也能写英文诗，但少见披露，只在朋友与学生间传阅。我因认识北美洲历史最悠久的传统诗诗刊 *The Lyric* 的编辑，偶将萧诗相示，编者颇为欣赏，即在该刊发表。

萧先生早年藏书颇丰，丁丑夏天日寇侵据清华园，他避居城内，藏书多不及携出，为人倒卖一空。没料到的是，萧宅旧藏英哲霍布斯（Thomas Hobbes）《法元比》两书，被胡美成教授在旧书店购得，归还萧先生，先生有诗记其事，其一云："尘编经乱在人间，一卷归来感厚颁，未逐流沙成简坠，竟同合浦作珠还，探原说法传孤诣，据乱陈书破众顽，静坐寒斋重展读，丹铅手迹认斑斑。"先生晚年将其珍爱之书赠我，此书为其中之一，由我珍藏。

我曾以学诗之道求教，先生将少陵句"读书破万卷，下笔如有神"，改为"读诗过万篇，开卷有妙悟"，以见作诗功夫之所在。先生即以所藏《声调谱》《燃灯纪闻》《律诗定体》《石帆亭著录》《七言古诗声调细论》等线装古籍相赠，谓此皆前贤精心之作，不妨便中翻阅，必有所获。此后所赠之书，尚有《太炎文录》两函，以及商务印书馆大字本《十通》。外文书则有《西洋政治史》三册，以及法国贾纳（Paul Janet）的《政治学史》（*Histoire de la Science Politique dans ses*

*Rapports avec la Morale*）与邓林（William A. Dunning）的《政治理论学史》(*A History of Political Theories*)。贾纳书是负有盛名的思想史书籍，邓林书原由清华同仁张熙若（奚若）所赠，扉页题有“Y Chang，New York，1919”。张氏于1919年购此书于纽约，另题“敬赠　公权兄　熙若　廿六，六，九”，题赠萧师，作为代课的酬劳，萧先生随身携带备览，未因战乱遗失。萧先生晚年转赠此书于我，爱我之深，期盼之殷，没齿难忘。

我与萧师相聚五年，鱼雁往返十年，深得教诲，受益无穷。他为我润饰文章，纠谬正误之外，循循善诱为学之道，曾以文子所言“上学以神听，中学以心听，下学以耳听。以耳听者，学在皮肤；以心听者，学在肌肉；以神听者，学在骨髓”，以及荀子所说“不积跬步，无以至千里；不积小流，无以成江海”，勉励我辈。萧先生曾说，他出身哲学，而毕生从事史学，史学可分为思想史与制度史。他曾教导我说：“治思想史与治制度史各有其难度，后者在考证其实际，上至结构及运用之情形，前者则在慎思明辨，确认作者之基本立场及议论之归趋；后者贵有耐心，前者贵有慧眼，否则容易有郢书燕说之病矣！”上世纪60年代的西方文史学界已由社会科学主导，凡有论述无不急于模式的建立与理论的提出，往往以片面的资料落实尚未成熟的理论，而萧先生所强调的是“放眼看书”与“小心抉择”，以免流于“随心假设”与“放手抓证”。没有扎实基础的理论与模式，虽赢得一时的赞赏，得到升迁与加薪的实惠，何异沙滩上的城堡，随潮落而消逝，难怪当时学界一篇论文发表后难能维持五年以上的阅读生命。迹园师教我读书，也教我处世，谓学界不免门户倾轧，对待之方不外“闲将冷眼观螃蟹，看汝横行到几时”，或“各人自扫门前雪，不管他人瓦上霜”，何妨自己努力、自寻出路？先生兼通中西，主张兼容并包，于近代全盘西化以及极端反传统主义，极不以为然，尝有诗讽之曰：“灵风吹梦得归无，才学邯郸步已殊；宝镜新妆窥半面，罗襦近好系双珠；纷传谢椽挑邻女，几见文君忆故夫；鹈鴂先鸣兰芷变，碧城回首隔平芜。”先生之文化观更可见诸《诸子配孔议》一文，有异于陈独秀、胡適，而近于陈寅恪、吴雨僧。他尤感伤中华文化之花果飘零；苍茫独对，不胜悲凉。

萧先生以西洋政治哲学入手，别创中国政治思想史，于日寇入侵，漂泊西南乡间时完成《中国政治思想史》巨著。此书采政治学观点，用历史学方法，叙晚周以来两千五百年间政治思想，论断精辟、文笔典雅，自成风格。1945 年上海商务印书馆初版以来，屡次重刊，美国汉学家牟复礼教授，立志译为英文。萧先生于来信中，常提及牟君译书极为审慎，力求信达，每成一章，即寄萧师过目校订，签注意见，酌量修订，而后定稿。牟译虽求忠实，仍有可商，未尽恰当，甚至有误会之处，己未惠书有云："足下于中英文互读之时可证之，叹求全之不易也。"其更虑全书 24 章，不知何时方能译完。先生生前仅见上册 10 章由普林斯顿大学出版，先生身后，牟教授久病意倦，又再无萧师商榷，终不能译完，萧牟两师均有憾也。

我于 1978—1979 在台湾客座一年，正值联经出版事业公司初创，创办人刘国瑞乡长，新识林载爵兄，胸怀宏图，欲出版萧公权全集，经萧先生同意后，全集由我主编。然出版一事竟困难重重，统一版权殊非易事，萧先生旧作虽无合约，但出版社仍极为谨慎。如《问学谏往录》自传，萧先生明言与出版社未签任何合约，也未受稿酬，但仍未能收入全集。先生的英文著作《政治多元论》，涉及西洋古今法律、政治及哲学观念者颇多，若信手译之，必然错乱失实。《中国乡村》引用美国国会图书馆所藏的大量地方志，译者难能完全恢复原文，若径自译成白话，将成笑谈。先生自知兹事体大，困难不一，谓“纵然不及于生时得见其完成，亦可瞑目”。先生身后，台北联经出版事业公司完成八部萧著的出版：《中国政治思想史》《小桐阴馆诗词》《康有为思想研究》《政治多元论》《翁同龢与戊戌维新》《中国乡村》《宪政与民主》《迹园文录》。萧先生曾撰有简单自序，后来说序应由主编者为之，我遂受命为各集分别撰一弁言。北京中国人民大学出版社出版简体版，改为总序，列于第一册卷首。唯无论联经版或中国人民大学版皆难称全集，因还有不少中英文论文没有收入，作为主编者，我有愧焉。中国人民大学出版社补入《问学谏往录》，出版九卷本《萧公权文集》，发行日举办座谈会，我应邀赴会，萧师遗著得以在两岸流通，学术风范借此长留人间，宜可告慰先师矣。

我于 2003 年回台湾长住，乘萧先生 110 年诞辰之际，得同门黄俊杰教授之助，于 2007 年 12 月 7、8 两日在台湾大学文学院演讲厅召开纪念萧公权院士学术研讨会，与会者来自海峡两岸与北美，会后整理会议之论文，编成《萧公权学记》一书。

# 第五章 义宁文字缘

我在大学读书时，偶然看到陈寅恪的文章，虽然在写作形式上与其他学者没有太大的不同，都是引用史料，然后加以说明，但陈文的说明不是史料的复述，而有令人眼前一亮的见解，就是刘知幾所说的“史识”，而陈之史识基于深厚的学养与禀赋。此一认知一直在胸，所以当我在美国完成博士学位后，就想到要写一本陈寅恪传。若干年后的1976年《史家陈寅恪传》由香港波文书局初次出版，至今包括盗版在内已有7种不同的本子，第8种将由北京中华书局出版，列入汪荣祖作品集。吾友已故杜维运教授曾称义宁陈氏乃民国史家第一人，由于陈氏的声望，此书受到许多中外学者的注意，结了不少义宁文字缘。

此书是我生平出版的第一本书，缘起于对义宁陈氏久蓄的兴趣。当时我在海外，远望故国烟尘外，对陈氏的晚年所知很少，只根据手边所能获得的资料来写，当然也从曾与陈先生在清华同事的萧公权老师那里，听到一些故实。萧师与陈寅恪同时为清华教授，两人曾同席考研究生，陈问及元微之的《连昌宫词》，后来果有此文收入《元白诗笺证稿》，可见其动念之早。陈、萧两先生又于战时在华西坝燕大同事。太平洋战争爆发前，陈先生滞留香港，萧先生经越南海防返沪探亲，途经香港时曾为陈寅恪带上联大的薪俸。萧先生尤佩陈先生考据的功力，谓已达“尺幅千里”的妙境，更令我神往。然而毕竟 1970 年代初，我对陈所知有限，仅成七万余字的小书。但此小书在香港出版之后，在两岸都未流通，不易看到，所以我借这本小书作为结识许多陈门弟子的桥梁，包括周一良、蒋秉南、石泉夫妇、邓广铭、季羡林、王永兴诸先生，以及陈寅恪先生的三个女儿与著名的国内外学者如钱锺书、陈荣捷、余英时、美国牟复礼、法国戴密微等。我于赠书之余，请他们提批评意见。他们热情的响应，使我受益匪浅，不仅知道了许多前所未闻的事实，也使我增进对陈寅恪的理解，促成陈传新写本于1984年在台北问世。此后一共有五个版本，其中一本因收入丛书，由编者改名为《陈寅恪评传》。北京中华书局将有更新的增订本。我草创陈传时，初未料及后来的“陈寅恪热”，专书与论文如雨后春笋。陈氏生时寂寞，身后成为众人敬仰、风骨嶙峋的学人。

《史家陈寅恪传》初版问世后，最先得到萧公权老师的信说：“大著于陈氏之为人治学，述论颇详。渠地下有知，当欣然引足下为异代之知己。愚以此公之天赋境遇，均超越一切。其记忆力极强，即古人所谓过目成诵。少年时家学渊源既厚，又得机会游学西国，不受一般留学生求学位、计出路之牵绊。又精通中外语文，故能用许多人不能用之史料。其力学之勤，有时到废寝忘餐之程度，致种失明之远因。足下卷末谓：后史氏们能否超越前进，较寅老更上一层？窃恐不易做到耳。”萧先生的话，自是第一手的近身体验，必是知言。钱锺书先生来函说：“陈先生传奉到，谢谢！快读一过，证实表微，有苦心焉，亦见仁心焉。陈先生博学深研，吾无皆然；通识雅言，未能遽许。”唐长孺先生来信说：“大作于寅恪先生家世、学术，及一生经历，搜集资料甚备，推阐甚明，深佩。”又说：“平生于寅老极为钦仰，而南北相隔，初未识面，一九五四年拙稿付刊，始敢肃书呈正，一九六一年缘事赴粤，乃得谒见，奈踪迹甚疏，而孺之心仪及先生之谬为奖掖固非一日。”又说：“大著谓寅老所用资料皆世所习见之书，所贵者能于寻常习见之史料见不寻常之意义，所论极是。寅老于魏晋以来及于唐五代之历史发展，有一通观全局之观点，本不以考证自域。”陈门清华国学研究院弟子姚薇元来信说：“大著《史家陈寅恪传》展读数过，深佩取材广博，文情并茂，结尾评说，亦是深中肯綮，先师陈寅恪先生治史的突出特点在于他能从众所周知的平凡史料中提出新问题，运用新方法，得出独到之新结论，用能超脱乾嘉考据的窠臼，开民国新史学之先河，阁下之论断，实先得我心，非深研陈氏著作入其堂奥，不能道也。”当时尚未识荆的黄永年教授来信说：“前在业师蒋秉南先生处得读大作陈寅恪先生传，近在此间又借读新本，甚感持论平允，钦佩，钦佩。参考书目中收入拙撰文字，亦是与陈先生旧作商榷者，不知先生以为尚可增一说云耶？”后来得与黄兄相识，聚谈甚欢，更知其颇能据义宁旧说别树新义也。旅美前辈学者陈荣捷先生来信说："尊著陈寅恪传，岂特传记之精，亦清末民初学术史之著作，且文笔生色，非寻常写作可比也。现尚未毕读，然非终卷不可。"旅美近代史大家加州大学徐中约教授来信说："承赐大作《史家陈寅恪》，多谢，多谢，吾兄文字精美，思想周密，中文造诣极深，弟望尘莫及，只能畅意欣赏。"自知都是师友鼓励之词，未敢自满也。香港大学史学名家杜维运教授也来信说："大札及大著《史家陈寅恪传》新写本先后奉读，兴奋之情，语言难宣，而迟迟函复，愧疚亦随之！吾兄以诗人之情，史家之笔，为民国第一史家寅恪先生立传，诚不朽之大业，史学之盛事。全传以为不古不今之学诸章为重心，而弟则最欣赏旧时王谢家、思想在同光之间、清华学苑多英杰、转徙西南天地间、去国欲枯双目泪、流寓岭南、废残难豹隐诸章，以为不古不今之学诸章，颇类学术论文，而有失传记含蓄之美也。弟著赵翼传，诚如吾兄所评，失于述多论少，而吾兄之失，似在述少论多，同工何妨异曲，裁长适可补短，他日杯酒酣谈，且共谋补救之策如何？"维运兄是我台大学长，与我过从甚多，音讯不断。

1990年代，我常有机会回台，住在南港“中研院”活动中心，常与何炳棣先生聊天。他说陈是他在清华读书时的老师，他对这本《史家陈寅恪传》很感兴趣，曾在卧榻上一口气看完，对文笔与内容都颇为赞许，尤喜见我回驳批陈之论。他主动要为此书写书评，我知他忙于先秦思想的研究，从未提醒他写书评的事，但他于1993年11月12日来信说：“实在太累，稍息数日，当撰陈师大著评介。”多年后于1997年12月2日又来信说“陈传今冬抽闲一定撰评”，并承其谬许，谓“此评将集中指出你唐史的功力，一般所不注意，或无专识注意的，能反驳*Cambridge History of China*中对陈师攻击，非对唐史用过其功夫，难以臻此”。他显然不是只写一篇简短的书评，所以在同一年的12月19日又来信说：“我虽忙乱，尊著陈师传，此刻如不撰评，恐以后无法写撰，我决定先撰此评，再理他务。”又说已经看完陆键东的《陈寅恪的最后20年》，认为“资料极坚实”，可对余英时“做出有力打击”。以他亲身对陈师的了解，足可批余氏许多错误之处，其谓已有“有力证据足以力驳陈有去台之意”。何炳棣先生虽敬重陈师，但并“不同意陈师一生最大的名山之作是清代的两个女性”，他不能理解陈师为何花如此大的气力来写柳如是。他“认为陈师仍是本世纪第一国学大师，他并非100%的史学家，所以我想写一篇以尊著为中心的review article（书评论文），包括陆著及其他二三种，如何”？无奈何先生已年过八旬，翌年又动了手术，自称身心俱惫，而又不能电脑操作，中文亲笔书写，尤感艰苦，“恐以后无法写撰”，一语成谶。可惜的不是看不到其对拙作的评论，以何先生认真不苟的性格，最可惜的是一篇对陈寅恪别有深见的大块文章，未能问世也！何炳棣先生很尊敬陈寅恪，但觉得没有必要“神化”陈师。他说绝不是站在蒋廷黻、雷海宗一边，否定陈寅恪。他上过陈寅恪的课，确实说过陈寅恪不是一个很完全的历史家。我想何先生的意思不是要贬低陈寅恪。实际上，陈寅恪属于传统的博学通儒，不像蒋廷黻、雷海宗都在西方拿了博士学位，是接受西方史学正统训练的史家。

华府于1979年元月与北京建交，恢复学术交流，我于1981年得到“美中交流学会”的资助，回中国大陆访问研究半年，实际停留了八个月。在此期间，得与北京、上海、武汉、广州等地陈氏友生结识，广交文字缘，见识大增。是年初秋自沪溯江而上，登珞珈山，得以拜见久仰的唐长孺教授，并应邀参与在东湖举办的盛大的辛亥革命七十周年国际学术讨论会。长孺教授治史虽自有风格，脱胎义宁之迹亦自可寻，所以我最初误认为他们有师生之谊，后来承长孺先生面告，他虽无缘身列门墙，但自认是陈先生的私淑弟子。广州中山大学于1988年之夏，召开纪念陈寅恪教授国际学术讨论会，我自美东前往参加，并盼望与唐先生在五羊城重续前缘。不料华南豪雨，粤汉铁路中断，武汉群彦都无法到会，大家都感到遗憾。唐长孺教授仍亲笔题写了七绝三首作为纪念，最后一首说："掩卷心惭赏誉篇，讲堂著籍恨无缘；他年若撰渊源录，教外何妨有别传。"第一句使我想起，唐先生曾在给我的信中提到，对陈先生极为钦仰，当年论文送审得到陈先生的赏誉。虽"无缘著籍"陈门，而自愿"教外别传"，较私淑之意，犹更进一阶。唐教授于义宁"教外别传"而言，绝不逊色于教内真传。他于1911年在吴江诞生，师承吕思勉先生，自1944年执教武汉大学直到1994年逝世，在珞珈山讲学近五十年。他的名著《魏晋南北朝史论丛》《魏晋南北朝史论丛续编》《山居存稿三编》《魏晋南北朝史论拾遗》，涉及政治、经济、社会、军事、文化各主题，对义宁所开启的中国中古史，颇能踵事增华，只可惜唐先生晚年与陈先生一样“困于目疾”。我与他晤谈时，他的视力已颇微弱，承他告知在日本客座讲学时，曾考虑进行眼科手术，因无把握而作罢。据日医谓他两年之内可能失明，闻之甚感悲凉！唐教授久患目疾，后来又染沉疴，于 1994 年的 10 月中旬逝世。周一良与唐长孺同以魏晋南北朝史闻名，一时瑜亮。周先生挽联曰：“论魏晋隋唐，义宁而后，我公当仁称祭酒；想音容笑貌，珞珈在远，侪辈拭泪痛伤神。”情见乎辞，推重其为义宁而后，治魏晋隋唐史的第一人。

我与唐先生告别前，曾写了一首诗以表敬意与谢意：“武汉三城迎我来，长桥跨越亦雄哉；丛编奉读经多稔，颜色亲瞻第一回；七十春秋商旧史，五洲学士献新裁；秋寒细雨辞行夜，畅饮茅台酒几杯。”我的俚句竟得唐先生高雅的和诗：“荣祖教授来鄂参加辛亥革命学术讨论会喜得相见，后惠赠长律，即步原韵奉寄请正。辛酉秋日：革命风雷动地来，楚天景色信雄哉；相逢知有平生意，胜会他年又一回；广坐谈经谁夺席，大江望眼试登台；朝宗九派终须合，欲向东洲举酒杯。”

我在东湖辛亥会议期间，有一天在湖边散步，忽有一陌生人走过来打招呼，提到陈寅恪，但欲言又止。他说是金应熙，我当时不知其来历，后来在广州中山大学听端木教授等人谈起，才知道是陈寅恪在战时香港收的学生。后来师生同在广州中山大学任教，以金之志趣，原是继续追随老师问学的好机会，但作为党员干部的金应熙不能不在政治运动时表态。他不仅组织文章批陈，而且于1958年10月发表了一篇万字长文，严厉批判陈寅恪的史学方法，使老师为之动怒。事后金下跪请罪，师亦无动于衷，终成陌路。陆键东在《陈寅恪的最后20年》里，详述其事。这是时代的悲剧，师生之间有难以弥补的思想隔阂。周一良曾以“儒生思想、诗人气质、史家学术”来概括陈寅恪，若加上“士族心态”则更加完备。我们可从《寒柳堂记梦》残稿中看到陈先生最关切的，主要是清季数十年间朝野士大夫之间的关系，如说：“清季士大夫实有清流、浊流之分，寅恪本人或以世交之谊，或以姻娅之亲，于此清、浊两党，皆有关联。”陈家与其他士族间联姻的网络也甚绵密。他晚年写《柳如是别传》，借表扬河东君之才情，感念三百年前士大夫的悲欢离合，“窥见其孤怀遗恨”，“感泣不能自已”。表面上寄托其神州文化的心思，实则发皇陈、杨、钱、柳等士大夫的心曲，将其发挥得更加淋漓尽致。陈先生的心态、学术、气质与思想，大异于“五四”西化派的一代。胡適之曾说寅老有遗少味道，一良教授说并非全无根据，如他对王国维的同情，以及虽服膺西学，有时亦露出“遗少”味道。周先生的话使我想起徐子明先生，他与陈寅恪是同一辈的人，也曾留学美、德，精通英、德、法等国文字，同样尊奉儒家伦理道德，缅怀中华文化，与寅老的思想与心态略同。但这些“遗少”显然与坚持效忠的前清“遗老”仍有隔代之别。他们身不由己进入新时代，面对“五四”以后社会的巨大变迁，中国传统社会及其核心价值迅速崩解，习于传统的自我顿失依靠，存在于疏离感与孤独之中。陈寅恪在思想上的“疏离感”是显而易见的，他自海外归来时，感受到士人社会与旧文化的花果飘零，但他依旧笃行儒家伦理，维持不变的信念，例如客人来访入座，老父在堂，他必独自站立在旁侍候。陈寅恪因思想与力行势必会受到客观环境带来的冲击与痛苦，不免感伤旧时代的消逝、士族的凋零。我们所见陈寅恪的照片，从少到老几乎没有一张是带笑容的。他一直要伸张自己的价值取向，然而他亲近的学生如金应熙，得意门人汪篯等，风从“五四”之后的思想，以破旧迎新为尚，以革命为荣，两人对国家前途充满憧憬。金以马列主义批老师的史学，汪篯信心满满自请南下，以为可以说服老师走革命的道路，迎师北上就职，结果不但碰壁，而且被逐出门墙，因不自觉以己心度师之腹，激化思想矛盾。就师而言，连自己亲密的学生都不理解，欲夺其志，情何以堪！老师断言“不从吾说者，即非吾徒”，在思想上全无妥协的余地，昭然若揭。

辛亥那年在武汉，我也得以认识石泉教授夫妇，石泉原名刘适。抗战时的1944年，陈寅恪因眼疾卧病成都疗养，石泉以成都燕大研究生的身份日夜陪侍陈师，偶然间决定以《甲午战争前后之晚清政局》为题写硕士论文。陈寅恪因家世之故，虽熟知晚清政局，雅不愿有所撰述，这是他生平所指导的绝无仅有有关晚清史的论文。据石泉说，陈师细心提示史料与观点，多少反映陈寅恪的晚清观，或可补《寒柳堂记梦》稿的不足。石泉教授与我谈话时，提到论文旧稿因“文化大革命”而遗失。后来他在北京图书馆内觅得抄本，由北京三联书店出版。书中指出变局导致三大新势力的兴起，除康有为领导之变法运动外，复有袁世凯领导的北洋新军势力，再有孙中山等人领导的革命运动。而此三大新兴势力的消长，正是甲午战争后数十年中国政治史的走向，我曾写书评详细推介这本好书。石教授曾与陈师过从甚密，为我提供不少他所认识的陈师的资料，陈寅恪于 1945 年 8 月赴伦敦医治目疾，即由石泉护送。除石泉夫妇外，我还见到姚薇元教授，他对指导写论文的陈老师，感念备至，对其“文革”时期的遭遇，觉得非常可惜。

辛亥之秋，我从武汉乘火车到北京，来到美丽的北大校园，在临湖轩的座谈会上，不意见到一位戴眼镜、穿着深蓝色服装的白面书生坐在沙发上，看起来仍像是中年人。经介绍后才知道是老前辈周一良先生，我喜出望外，居然不期而遇。我在大学时就读过周先生有关魏晋南北朝的文章，仰慕已久，完全没有料到会有见面的一天。当时周先生刚解决“梁效”事件的遗患，他愿意见我这个后辈，主要因看到我 1976 年在香港出版的初版《史家陈寅恪传》。陈寅恪是他的老师，师生两人有深切而又复杂的关系。周先生后来在《毕竟是书生》回忆说，他因我写陈寅恪先生传记而相识。我与周先生相识后，时通音讯，互赠书文，故有此义宁文字缘。广州中山大学于 1987 年筹备“陈寅恪国际学术研讨会”，周先生来信告知他会参加，知我也在被邀请之列，周先生来信说：“知将莅广州之会，为之雀跃。”函中附寄刊登在《读书》杂志上介绍《史家陈寅恪传》的书评，谓：“其中评论尊著，颇致钦挹，实代表此间史学界之共同看法，唯不知作者为何人也。”我读后很感激，当然更高兴的是期待与周先生的“良晤”，更何况在会场还能够见到其他义宁门人、陈氏家属，以及研究陈寅恪的学人。周先生在研讨会上发表了内容丰富的主题演讲，记得他特别对陈先生自谓的“思想囿于咸丰同治之世，议论近乎湘乡南皮之间”，提出很细致的看法。陈寅恪能运用一二十种外语，熟悉西方文化，怎么可能思想局限于咸丰、同治时代，议论与曾国藩、张之洞相似呢？这的确是令人困惑的问题。类此思想与议论很容易被视为有“怀念前朝”之嫌。我在写陈传时，觉得陈寅恪的思想固然与革命相左，但绝非保守的复辟派，绝不至于怀念清朝政权，而是怀念前朝承继的传统文化与儒家伦理，他也承袭了同光时代其父、祖的变法维新思想。一良先生说我的说法是合乎实际的，但是他的精细以及朴学的素养，绝不能放过为什么陈先生自己明明说是“咸丰同治之世”。周先生指出曾国藩卒于同治十一年（1872），正与下一句议论近似的“湘乡”相对应。换言之，陈寅恪自称其思想与议论不出乎咸丰时代的曾国藩以及同治时代的张之洞。周先生谦称“这仅是毫无根据的臆测，有待进一步地探讨”，而我当时听后就觉得很有道理，并进一步想这个问题。民国以后，曾国藩与张之洞固然都成了过时的保守人物，然而在咸同之世却走在时代的前头，代表温和而讲实效的改革派。陈寅恪的祖父陈宝箴、父亲陈三立在同光时代都主张变法维新，但与康梁一派实同中有异，并不赞同康梁较为理想而急进的做法，且认为戊戌变法如由李鸿章、张之洞主导，成功的机会要大得多，所以他们的思想与议论实属咸同以来的温和而讲实效的改革派。陈寅恪于民国成立后二十余年，目睹辛亥革命后的乱象，内乱外患更甚于前，思想与议论倾向温和而讲实效的改革，也就不足为奇了。后来我写了一本《走向世界的挫折：郭嵩焘与道咸同光时代》，其中说到在咸同时代郭嵩焘与陈宝箴父子关系密切，思想议论极为相契。周先生看到我的书之后，于 1994 年 2 月 28 日回信中说："读尊著后益信陈寅老标出咸同之世为有用意，盖自别于南海也。"这是很有深度的看法。

我从周先生处得知，陈寅恪的大排行是老六（蒋秉南先生亦如是说），七弟方恪世人鲜知，却是他父亲周叔弢的挚友。方恪先生字彦通，工诗文，解放后在南京一家图书馆工作。后来周先生还复印了他收藏的汪中《述学》线装本封面，上面题了"庚申仲秋南旋车中携读彦通识"，陈方恪的书法，酷似翁方纲。周先生也提到了八弟登恪，笔名春随，留法学文学，任武汉大学教授，曾出版《留西外史》一书。他提供了我前所不知的讯息。我在陈传里提到陈寅恪在抗战期间所写一篇论文的附言，怀念远在哈佛的弟子周一良，文字极具感性："噫！当与周君往复商讨之时，犹能从容闲暇，析疑论学，此日回思，可谓太平盛世，今则巨浸稽天，莫知所届，周君又远适北美，书邮阻隔，商榷无从，搦管和墨，不禁涕泗之泫然也。”周先生告诉我说，当他在哈佛读到这段文字时，十分感动。后来逯耀东在文章中也提到此事，我将逯文寄给周先生看，他在1989年5月11日的来信中说：“逯文中提及陈先生论司马叡传文，涉及弟当年在北极阁下通函请益事。弟初读时尚在康桥，颇为感动。蒋先生编全集时，此节删去，鄙意决非蒋先生随意为之，当是寅老认为弟解放以后，曲学阿世，颇为遗憾，故略去此节。寅老用心，弟完全理解，而弟对寅老之崇敬及感情，自信丝毫未因此而存任何改变，荣祖兄在广州会上聆弟发言，当信此言之不诬也。知人论世贵在理解与谅解，不知以为然否？”

认识愈久，愈能对周先生更具义宁所谓“同情之了解”。他一时的“阿世”未能为陈师愿容，学术则无愧师门。周氏先高祖周馥官至两江总督兼南洋大臣，父亲周叔弢是实业家兼大藏书家，作为旧社会的名门望族，周一良从小就有家庭教师，打下良好的国学根底，并学好日语与英文，考进燕京大学，战前出洋留学，获哈佛大学博士学位，且受聘留校执教。战后携眷回国，遗缺即由杨联陞补任。回国后新中国诞生，社会阶层天翻地覆，倒转过来，昔日富贵之家反而入列黑五类了，成为众矢之的。一良先生见到新生气象，自觉出身名门而有负罪之感，因而颇为积极，不仅被陈师视为“曲学阿世”，而且不免卷入政治风暴，徒增遗憾！然而周一良的魏晋南北朝史两本文集与一本札记，已无愧义宁学风，而他在佛教史、亚洲史、日本史、中日交通史、敦煌学，以及世界史诸领域，亦多有建树。近年所出《周一良集》，一套五巨册，承远道寄赠，精美可读，必是名山之业。

我因研究义宁而得交周一良先生，有机会向他请益，承他谬许拙著《史传通说》，特别提到书中述及他论魏收史学之有见，他回信说：“魏收小文乃大学三年级选修邓文如师断代史之作业，谬蒙齿及，有空谷足音之感。”他也同意我对范晔的评价，惠函有云：“一良曾撰小文论南朝与北朝史学三异同，联系南北学风之区别，亦谓蔚宗能以宏观见其大，非北方史家所及，将来印成定求斧正也。”不久印成，收入集中，拜读之余，引他为前辈知己。1989 年 4 月，周一良与顾廷龙两先生到华府参加国际中国善本书总目之顾问委员会，我乘此机会，邀请他到我校访问。他的公开演讲的题目是“中日间的文化交流”（Cultural Interflow Between China and Japan），内容精要，英语流畅，听众很多，并有多人提问，周先生从容解答，令前往听讲的同仁感到敬佩，不愧是北京大学来的名教授。周先生似乎也觉得不虚此行，回纽约后来信说：“数日盘桓，得与贤伉俪晨夕相处，听聆教益，尤为欣悦之至。”事实是我校师生聆听了他的教益。北大历史系为周一良先生八十大庆出祝贺论文集，我也贡献了一篇拙文。新世纪的第一年，我乘暑假之便到京，前往北大蓝旗营新居看望周一良先生。周先生坐在轮椅上，显得很瘦弱，但精神甚好，并露出“有朋自远方来”的喜悦，且承他垂询近来读书写作情况，没有想到竟是最后一面。

那天最后一面，临别时他取出一块精致的纸板，要我题句留念。我看到他的书架上已放着不少海内外学者的题词，我答应回去后一定试写，不料未及写就，忽报周一良教授已归道山，题词成为挽诗：未忘范公忧国心，难能晚岁写虞箴；扰人风雨声凄厉，长使书生泪满襟。

我从北京回到上海，在复旦大学蹲点，有一天蒋天枢教授约我在办公室见面，他已看到我写的陈传，颇为嘉许；之后数度晤谈，曾至其书房，见到陈寅恪遗物，并承其赐赠《论再生缘》油印线装原本，别后鱼雁不断，为新写本《史家陈寅恪传》提供极为宝贵的资料。蒋先生字秉南，时任复旦大学中文系教授，乃陈寅恪最信任的弟子，因其品德与行事最合乎儒家规范，毫不逾矩，执师礼甚恭。故当陈寅恪即将完成最后一部学术巨著之际，招他南下，以平生著作相托，明言不可推辞。师生情谊见诸陈寅恪的《赠蒋秉南序》，文中自述平生，吐露心声："守先哲之遗范，托末契于后生。"向往隋末王通之遗志，想要"续命河汾"，盼能挽救已如花果飘零的中华文化，但事与愿违，唯平生未尝侮食自矜、曲学阿世，坚持他一贯的信念，足见陈寅恪将学问与道德并重，欲于临终之前，将平生所作，托孤于秉南。所以陈寅恪逝世后，陈夫人即嘱美延驰书复旦中文系蒋教授，然信件在系中滞留两个月之久，蒋氏见信回函，陈夫人已去世，未能及时将遗稿寄沪，以致于被红卫兵抄走。美延与蒋教授辛苦追索遗稿，仅得残稿。秉南先生编辑陈集既竟，曾对我说：他遵照师命编辑全集，只是未依师命删去那几篇有关李唐先世的文章。按陈先生欲留存后世者，如泰西所谓之“不朽之作”（endurable scholarship），他要删去李唐先世诸文，必以为尚有待商榷，不足以传世，而蒋先生珍惜恩师遗泽，即使吉光片羽，也不忍割舍。陈氏遗书九册于1980年问世，皆蒋秉南一手编辑之功，但他功成不居，将应得的编辑报酬尽数归陈家所有，此乃蒋秉南先生秉持旧道德的一贯作风。

蒋秉南先生无论在写信或聚谈时，无不提到其恩师，也关心国内外各方讨论陈寅恪的意见。当时美国余英时教授的文章在港台两地风行，秉南先生都能看到。他说余氏“以大陆知识分子尽是风行草偃之辈”，颇感愤懑。他认为余氏论陈学虽能见其大，释证诗句古典亦有据，但所释今典多舛，他在信中说：“时时不免于捕风捉影，而且他对大陆学术界的成见太深，所谓先入为主，未可理喻也。天上素娥之指陈援庵，您曾告知否？”蒋谓此乃亲闻自陈师，然余氏不之信，慕余者亦以男女有别而不信。引起更多争论的是有关陈寅恪于 1949 年的去留问题，陈有意去台的证据，如台湾南港史语所有陈氏文件等等，又说在香港友人处有陈家行李，不悟陈往香港等候赴英未果，未返李庄，所留物件由史语所迁移来台；香港的行李，则因日寇入侵，仓皇逃难，不可能带走所有行李。故所谓“铁证”，都是似是而实非。今人论史，不免“时间错乱”(anachronism)，以“文革”后知识分子的遭遇，而认为 1949 年无人不应离开。事实是当年的知识人，除与蒋政权有关者，大多不愿意逃难到台湾。余英时对陈去留事更有新说，他认为陈先生在 1949 年虽无意去台，但陈夫人要去，且因而引起争执，陈夫人负气赴港，后来陈先生受到折磨，悔不当初，于是感佩夫人英明，所以写《柳如是别传》，名为表彰柳如是，实在表彰陈夫人。蒋秉南先生见到后来信说：“余文借柳如是来礼赞陈夫人之说，实属无中生有，荒唐之至！”

我与余英时先生虽无过从，然多有书信往来，他收到我寄赠的《史家陈寅恪传》后，于 10 月 27 日来信说：“今日奉到大著《史家陈寅恪传》，拜读一过，深喜所见多与鄙意不谋而合处。寅老学术得兄此书为之表彰，当更可大显于世矣！弟生平亦颇好寅老史著，最近巴黎吴其昌先生欲在《敦煌学》内出一期陈寅恪先生纪念专号，虽约弟写陈氏年谱，以所知事迹太少，无从谱其平生，但已允写论陈寅恪先生史学一文以应，然尚无暇动手，今读尊作，则弟文亦可不必再作矣。”他认为拙作“大体皆精到，文字也流畅清新，但偶有小异同，不避浅薄略为兄陈之，然无关重要也”。余先生此一 4 页长信，有 3 页说的是“小异同”，对他而言，显然并非不重要。后来余兄并未致力于义宁史学的研究，而用心力于陈氏晚年心境的发皇，尤着意于其晚年诗作的剥蕉见心，意在表彰陈先生的“反共”心境。诗多用典，余兄博览，阐释古典大有斩获，但今典不免多所猜测而捕风捉影。我与义宁诸弟子访谈，得知不少今典，余兄看到我在大陆访谈记录，多与余氏之见相左，认为访谈乃官方之代言，不足为据。然而我访谈所得最多来自蒋秉南先生，蒋先生最受乃师信任，风骨凛然，岂能是代言之人？而余子也莫不是学界人士。我遂与余兄有一公开笔战。此一经验始知余兄在港台的学术威权的力道，余兄批我之文，分别在香港《明报》与台北的《中国时报》副刊登载。《明报》拒登我的回复文，《中国时报》副刊主编将我文寄呈余教授同意后才允刊登。余兄还把他给主编的信寄给我看，以示风度。于是有一场为陈寅恪而打的笔墨官司。我对事不对人，余兄也不以为忤，来信说："与兄一段文字因缘，虽不免偶有争锋相对之语，但事极平常，何足介怀？"且承其赠书其诗一首留念。后来益明余兄着力于陈氏晚年心境的政治动机，他于2011年9月23日给我的信中有云："自省年逾八十，不必更为世间所谓毁誉，扰内心之宁静也。但弟亦非完全与世无关痛痒……弟即一息尚存，仍当尽口诛笔伐之责，盖此为弟毕生坚守之价值底线所在，并此而弃之，则真一钱不值矣。"余先生的政治态度在此函里，和盘托出，表露无遗矣。

纪念陈寅恪教授的国际学术讨论会，到1988年才在广州的中山大学举行，正值陈寅恪逝世20周年。这次会议兼有追悼与平反的意义，与会学者对陈先生的人格与学问，对其治学态度与方法，尤其是考证绝学与以诗证史的成果，表示高度的肯定，于陈氏在中国中古一段的成就，包括魏晋南北朝、隋唐史、蒙古学、敦煌学、突厥学、藏学、佛学，讨论最多。陈门弟子与研究中国中古史的学者都提出专题论文，我也提交了论文，并随群贤之后在闭幕式上作了简短的发言。最难得的是由于这次集会，我见到了陈先生的女儿美延与侄儿陈封雄，后来与美延通信尤多。我同时见到周一良、季羡林、邓广铭、王钟翰、王永兴、胡守为诸先生，以及来自中国香港、美国、日本的学者，遗憾的是武汉的唐长孺与石泉夫妇因交通阻碍未能前来，上海的蒋天枢教授因老病也未能来。当然非常高兴见到帮助陈寅恪写书的黄萱女士，她出身华侨世家，丈夫周寿恺是岭南大学医学院的院长。她情愿做没有职称而十分辛苦的助手工作，历时十三年，到“文革”发生才被遣散。陈寅恪认为她是无可取代的助手。黄萱果然不负所望，协助完成《论再生缘》与《柳如是别传》等著作。我们看到陈寅恪晚年近百万言的著述，无论史料的呈现、史事的考证，以及行文的用字遣词，皆与失明前毫无异致，固然展示了盲翁超人的记忆与毅力，也表明了助手黄萱成功地扮演了陈寅恪“眼”与“手”的功能。只是《寒柳堂记梦》因“文革”遗失，据她说原稿可成一本厚书。当时盛传要陈寅恪出任中古史研究所所长一职，黄萱回忆说如果陈先生的条件被接受，他会不惜个人的牺牲北上赴任。换言之，若吾道得行，虽万死而不辞。据陆键东在广州档案馆发现的汪篯所记与陈寅恪的谈话记录，可知其道是不可能得行的。黄萱女士性情开朗，谈笑自若，但对往事不愿多说，记得她一再说，陈先生晚年目盲骨折仍然著作不辍，真有惊天地、泣鬼神的精神。有一次我访问厦门大学，知道黄萱在鼓浪屿，特去拜访，我走进她的别墅时说："好大！好漂亮！"她笑着说，原来的比这更大，因已它用，归还这个也足够她一人居住了。不料这是最后一面，留下一帧可贵的合影。

陈寅恪、唐筼夫妇逝世34年后，得以归葬庐山。九江学院于庐山墓园完成后十年，主办"2013年陈寅恪研究研讨会"。我参加了这次盛会，应邀作了简短的开幕式讲话，为陈寅恪热感到欣慰。论文约有三十余篇，多出年轻学者之手，知陈寅恪研究后继有人也。九江学院用心良苦，除了精心安排会议进程，更在校园内成立陈寅恪研究院，仿造松门别墅，建立义宁五杰展览馆，编辑千万字的资料目录与汇编，又招待与会学者观览庐山墓园，考察修水陈家大院，甚是尽兴。清晨我在庐山散步，林木之下，极为舒畅，偶遇陈氏亲友，无论旧识新知，皆谦谦君子，大家风范。墓园非常美观，石碑刻有陈寅恪的名句："独立之精神，自由之思想。"记得陈氏生前有句曰："松门松菊何年梦，且认他乡作故乡。"陈氏夫妇终得安息于松门松菊山林胜景之中，地下有灵，应可告慰矣。

陈家三姊妹，流求、小彭、美延的台北之行，由林光美女士安排。林女士深受俞大维的疼爱，成为俞的义女。俞大维捐出的藏书，即由林女士任职的台湾大学图书馆于1976年成立的俞大维文库收藏，有7,000多册珍贵的图书。俞、陈两家关系至为密切，俞大维就是陈寅恪的表弟，又娶了陈寅恪的妹妹陈新午。俞大维已成古人，由义女林女士代表接待并安办旅游，诚属难得的美事，我有幸受邀与他们同席，聚谈甚欢。

"陈寅恪热"之中多见仰慕其学问、佩服其风骨之论，但亦偶见批评之语。寅恪先生博学广识，往往能通贯史事而得出假说，斯亦通人才有的能耐。陈先生自称"假说"不谓无故，盖尚有待进一步的验证，犹如胡適所谓的“大胆假设”，以便后人来“小心求证”。然则，假说可待商榷，何足为异？假说经后人商榷而有定论，岂非美事？诚如亡友黄永年教授曾说：“学术先导者多在大处着眼，细节犹待后学阐述或修正。”诚然，后学在前辈巨人肩上望远，岂非更能高屋建瓴？永年兄敬重陈寅恪，受《唐代政治史述论稿》的启发，钻研唐史，小心求证陈先生的假说，多有订正，可谓义宁功臣。吾人亦宜知，人文学之定论也不可能等同自然科学的定律，翻案文章时而可见，翻案虽未必精确，然久而自见真章。若以批先贤鸣高，见名师之失而窃喜，则甚无谓，至于贸然嘲讽或妄比知己，则更等而下之矣。

# 第六章

# 余杭文字缘

流寓海外的华裔在冷战时代，返国无门，直到中美建交之后，才圆归梦。1980 年开始实行中美学术年度交流计划。我有幸入选 1981 年第 2 届的名单，赴中国大陆访问研究半年。我选择的研究题目是章太炎，而蹲点的单位是复旦大学历史系的思想文化研究组，主其事者是年长的蔡尚思先生。他老先生接待我之后，由他领导的朱维铮、姜义华、李华兴三位年轻学者与我交流。华兴兄不久转往上海社科院，所以来往较多的是维铮与义华两兄。

我到上海后不久，朱、姜两兄的《章太炎选集》问世，精选细注，极见功力。朱兄是周予同教授高弟，得经学史真传，文字根底甚好，解读艰深的章文，游刃有余。姜兄收集太炎资料最勤，据闻曾在档案馆打地铺抄录史料，当时正在研究章太炎的思想，多年后出版了厚实的《章太炎思想研究》。我与他们两位交往，受益匪浅。当时的情况不允许我与他们合作写书，但他们两位应该合作无间。可是维铮兄虽研究太炎甚力，没有论章的专书出版。最后听说两人闹翻，想起当年两人亲如兄弟的情状，实在不胜唏嘘。

章太炎的孙子章念驰当年在上海社会科学院工作，帮助汤志钧先生整理太炎资料。我有幸识荆，他小我两岁，意气相投，成为好友。他曾以家藏 1935 年 10 月印制的《章氏国学讲习会讲演记录》相赠，并陪同前往参观太炎故居与讲习会址。1986 年太炎逝世 50 周年在杭州举办学术会议，与朱维铮、姜义华、章念驰等旧友重聚，还见到章门汤炳正、李希泌、朱季海等老先生，以及不少研究章学的学者如王宁、袁伟时、熊月之、唐文权、袁英光、王有为等。另有来自香港中文大学的许冠三教授，日本学者近藤邦康和河田悌一也来与会，得以相识。王仲荦先生也是太炎弟子，曾与太炎在上海同孚路对门居住，每晚听师教诲，因病未来，不久仙逝。我保留一封他于 1981 年 12 月 15 日给我的长信。信中有云："太炎先生晚年日忧时艰，以为读史知民族大义，可以救国，号召学生看二十四史。荦当时受先生影响，故从事史学。然章公平日绝学，仍是经学、小学也。您概括太炎先生史学以民族主义为核心，一言中的，绝是！绝是！”

会议结束后，念驰兄约我与其贤妻及女儿来来作黄山之游。黄山是先祖的故乡，少时见到的家谱，就有“世居黄山之阳”的字样。旅途虽然辛苦，但我初返祖地，甚是兴奋，黄山美景果然美不胜收，除了迎客松之秀丽，更有奇岩夺天工，石猴观云海，浮云拂面而过，不知是人间，十分尽兴，为与会后难忘的精神飨宴。

我在上海图书馆又得拜见顾廷龙先生，承其书赠“海外名山业，余杭文字缘”对联，铭感万分。我在上海又与太炎弟子潘承弼（景郑）先生结了文字缘，潘先生更题赠《訄书原刻手写底本》线装一册，题诗曰：“别绪匆匆经岁月，重来话雨亦欢然；师门寥落都成忆，一卷訄书缔旧缘。”此册书名即由景郑先生题署，珍藏至今。

我返美后，开始撰写研究成果，十余年间出版了四本有关太炎的书，两本英文，两本中文，以及若干篇论文。我首先以《章炳麟与中华民国》一文，参加在台北于1981年举办的辛亥70周年学术讨论会。我在文中说中华民国的国父不应该只有一个，黄兴是行动家，与言论家章太炎可与中山并肩，国民党学者斥为不伦。我以“魔鬼的辩护士”自况，被《联合报》编辑采访写了一篇花絮，后来这位记者告诉我，他因而遇到申斥，成为花絮的花絮，略见当时讨论辛亥革命仍然绕不过孙中山的禁区。凑巧的是中国大陆的邮政局于1986年的双十节，发行了一套三枚的辛亥革命著名领导人物邮票，票面孙中山8分，章太炎10分，黄兴40分。人民邮政绝非因我文而起意，端因合乎史实而已。

我的第一本有关章太炎的书是以英文写的，1989年由牛津大学出版社出版。此书论证太炎的民族主义并不是狭隘的排满主义，而是已具反帝国主义的近代民族主义，他因清廷不能抵抗八国联军入侵，丧权辱国而参加革命；如不推翻清廷，则中国将与之偕亡。他激烈的排满言论主要作为革命的武器，清廷被推翻之后，他立即主张五族共和，可以概见他的国族主义。接着我以中文写了《康章合论》，比较两人思想与行动异同之余，总结康章已非旧学的殿军，而是新学的先驱。多年后再以英文比较康章，非旧书的英译，而是重起炉灶的新猷，书名是《超越儒家中国》（*Beyond Confucian China*）。我又应好友李敖之邀，以短篇散文形式，写就一系列与太炎相关的专题短文，称之为《章太炎研究》，大陆版改名为《章太炎散论》，名实较符。

我研究章太炎，意外发现章氏隐然有“文化多元论”（cultural pluralism）的论述。有此发现因受俄裔英国思想史家伯林（I. Berlin）的启发，伯氏承袭18世纪的维科（Vico）和19世纪德国的赫尔德（Herder）的思想而来。维科分辨自然界与人文界是两个世界，自然界的科技是普世的、一元的，但人文界因历史、文化与价值观的不同，必然是多元的。各种文化有不同的历史背景与文化价值，不论高低好坏都应并存不悖。西方列国首先现代化，因而现代化往往等同西化，于是成为文化一元论述。但是现代化不等于西化，俄国与日本的现代化晚于西方，俄国的彼得大帝倾心学习西方，想要全盘西化，然而后起的亲斯拉夫派（Slavophile），并不反对西方文化，但重视俄国传统文化及其价值，形成多元文化的认知。日本的现代化始于明治维新，福泽谕吉主张全盘西化，但到明治中期的19世纪80年代，新一代的日本政教社知识分子，全面批判民友社的欧化主义，因而被称为国粹主义者，但是他们并非一意复古，也不排斥西方文化，而是要维护日本文化的自主性，保持独特的文化认同，与西方并肩，以恢复国家尊严。政教社与俄国亲斯拉夫派的立足点基本相同，都是文化多元观点。当中国面对西方文化，无论文化唯我独尊的传统派，或全盘西化派，都是文化一元的论述。康有为的变法派，认为现代化是人类共同的道路，没有文化之异，只有先进与后进的不同，也是一元论述。太炎所提倡的“国粹”与“国性”的意趣与赫尔德标出的“独特”（das Eigentumlicke），以及各个文化都有其特殊的“重心”（Schwerpunkt，or center of gravity）极为相似。太炎所谓文化由特殊的语言、风俗与历史所组成，与赫尔德所强调文化经由语言、风俗与性格所界定者，不容外力强加化合，也若合符节。章太炎居然看到文化多元论的义谛，非常难得。太炎看到西方文化挑战之际，正当他人在明治晚期的日本，当时《日本人》杂志仍在发行，他受到政教社言论的吸引与影响，亦极为自然；他所讲的国粹，显然受到志贺重昂所标榜的“国粹主义”启发。他也与政教社人士有所来往，政教社也尊礼章太炎。太炎于辛亥革命爆发前在日本办《学林》杂志，受到《日本人》杂志的重视，该杂志上曾刊登过《访章太炎》的文章。他们同奉国粹，将其视为一种只能神会、不能言传的民族精神，代表一个国家的特殊性格。他们都认为文化多元性与人类文明的进步并无矛盾之处，任何一个国家的进步与其国家尊严，应该并行不悖。章太炎写于1910年的《齐物论释》，很多人视为以佛解庄之作。太炎自称此文一字千金，可见他自己非常重视此文，他于民主革命的关键时刻，不可能花精力于以佛解庄。他说齐物虽是“一往平等之谈”，但并非一般世俗所谓的自在平等，而是不同的文化都有存在的价值；不同的文化有其不同的文化内容，所谓“风纪万殊，政教各异”；各文化皆有其特性，应维护以及发展其特性，所谓“物畅其性，各安其所安”；世界上的文化风情各异，不论娴陋，都有其特点，所谓“世情不齐，文野异尚”，唯有各种文化“两不相伤，乃为平等”。他以《齐物论释》所建立的理论架构，来解释思想文化问题。他名其架构曰齐物，用今日的词汇来描述就是文化多元论。我曾写过文章详细谈过，我觉得这是章太炎最了不起的地方。他高瞻远瞩，在一元论笼罩的中国现代思想史中，洞悉文化是多元的。人文界有其“主体性”，如果现代文化是一元的，则不免全盘欧美化，而后丧失“自主性”，也就丧失学术的话语权，关系至为重大。

我最早提出章太炎的文化观是1986年在杭州举办的纪念章太炎逝世50周年学术会议上，后来在台湾发表一篇长文，继续论述这个问题。2010年我又出了一本英文书，比较康有为的一元论与章太炎的多元论，又谈到这个问题。这本书名叫《超越儒家中国》，因为我觉得康有为和章太炎都不是旧学的殿军，而是新学的先驱。但英文版跟之前的中文版《康章合论》，写法完全不一样，北外的国际汉学有意要出中译本。

我最近更加感觉到文化多元论的重要。“五四”已过100周年，至今仍然很少有人重视“五四”产生的负面影响。很多人把自然科学跟人文科学混为一谈，自然科学是普世的，没有中外之分，可以复制，但是西方的文学、哲学、艺术能够照搬过来吗？没有办法。18世纪时，维科就说有两个世界，一个是“心灵世界”（World of Minds），一个是“自然世界”（World of Nature），这两个世界不能混为一谈，可是我们却常常混为一谈了。章太炎了不起的地方，就是看到心灵世界是多元的。而现在我们在人文方面，还是在跟着西方走。2016年的G20峰会在杭州举行之后，上海举办“全球性百家争鸣时代的中国学术”会议，检讨为何中国崛起而仍然文化“入超”，为何仍然用西方理论来解读中国学术。复旦大学汪涌豪教授感叹学术话语权由西方掌握，说“中国人很少有自己的声音”，“忽视文化传统和自己的价值”，出现“自我文化认同的危机，使得我们无法对自己所秉持的文化传统聚集和彰显，进而影响到全球化的安排”。我认为他看到了问题症结之所在，即忽视文化传统的价值、出现文化认同的危机以及学术话语权的丧失，也不能不想到章太炎的远见。

近些年来国内出现的国学热，可说已警觉到“五四”的负面影响。五四时期的主流观点错误认为传统会阻碍中国的现代化。现在要复兴国学，如何弥补已经产生的断层？如何恢复国学？ 胡適提倡白话文没有错，可是要以白话取代文言却是大错，后果已经毕见，年轻的一代读古书已非常困难，这样的话，又如何研究国学呢？

# 第七章 槐聚先生忆语

钱锺书先生字默存，号槐聚，1910 年生于江苏无锡，1998 年卒于北京，享寿八十八岁。钱氏出身江南书香之家，从小受到中国传统经典的熏陶，少年时又有机会入教会学校，打下良好的外文基础。他年未及冠，就考进清华大学外文系就读，在校期间从名师游，更有博览群书的机会，他在校期间所写诗文已经峥嵘。毕业之后，留学英国牛津大学，完成学业后又留法进修一年。充实的学历，益之以深厚的禀赋以及后天的勤奋，使他成为罕见的奇才。钱先生兼通中西学问，谓之空前绝后并不为过。“空前”，因中国前乏西学，更少通解西学之人；“绝后”，来者固然必有聪敏绝顶之人，然时代已变，家学已成绝响，教会学校不再，钱先生所具备的后天条件也不复存在。在现代的社会背景与教育制度之下，可以预知像钱先生这般学人，已随风而逝，不太可能再出现了。

钱先生长我三十岁，是我的父执辈，承其不弃，成为忘年交。我回首前尘，庆幸能与钱先生音容相接，不仅读其书、知其人，且曾亲闻其咳唾，聆听其言，默语如雷贯耳。十余年之间，虽天涯相隔，仅有四次趋府侍谈的机会，然书信往还不辍，仍保存许多长函短简，笔墨亲切，温语奖饰，屡言吾侪交谊，心甚感之。钱先生在《谈艺录》新版引言中提到我，说我“远贻新刻，济吾所乏”，因我于通信时，偶尔寄书与文给他。他从不告知想看的书单，我只有想当然耳。有一次，他来信说：“上周加拿大学人来赠 Irving Hower, *World of Our Fathers*，述犹太人移殖美国事，颇饶趣味。先生博览，想早寓目。其导言中引 Peter Gay, *Freud, Jews, and Other Germans*，不意今晨忽奉远赐此书，故人深情厚意，大似 telepathy，E.S.P.，所谓心心相印者，非耶?”真是巧极，后来我又寄彼得·盖伊（Peter Gay）著作多种，他尤喜爱我最欣赏的《史学风格》(*Style in History*）一书，并曾在其大著中引用。钱先生辞世后，为了感念他，我写了一本

《槐聚心史：钱锺书的自我及其微世界》，以为纪念，有 2014 年的台北版与 2020 年的北京中华书局修订版。

我很早就读到钱先生的一首诗："梦乡分境隔山川，蝴蝶庄周各一天。安得五丁疏凿手，为余通梦两钩连。"为之倾倒。我与钱先生通信后，曾于 1980 年 5 月 17 日驰函求教："五丁之典似出《水经注》，秦惠王欲伐蜀而不知道，作五石牛以金置尾下，言能粪金，蜀王信以为真，令五丁拉回石牛，为秦军开了道。然则五丁应指力士，未审然否？"钱先生于 5 月 29 日覆书说："五丁之典，诚如来谕，鄙意欲言物易钩通，而心难贯穿耳。"并以八行书写赠此诗，改"梦乡"为"睡乡"，改"蝴蝶庄周"为"蝶适槐安"，改"安得"为"那得"。《槐聚诗存》出版时又将"蝶适槐安"改为"枕坼槐安"，将"疏凿手"改为"丌路手"，改"通梦两钩连"为"凿梦两通连"。钱先生一再推敲，以求完美。

我在中学时，就读到神州国光版的《围城》与开明版的《谈艺录》，即心仪其人，但未曾梦想到有朝一日能够登门拜见，更无论有所交往。华盛顿与北京于 1979 年建交后，钱锺书到访美国，学富五车，谈吐风雅，轰动学界；他的新作、旧文，又成为畅销书。我写信致意，遂结文字之缘。我在 1981 年得到美国科学院美中学术交流会的资助，得于这一年的夏天，自华府于 7 月 4 日夜间抵达北京，宿于宣武门的向阳宾馆，我童年离开大陆后首次归来，重睹神州河山、旧京宫殿，甚是兴奋。是年 7 月 6 日，一早即前往三里河钱寓。钱先生虽知我来，不意就此登门拜访，略感惊讶，随即笑迎。因按当时的规定，外来客人求见之前，须经接待单位联系，经安排后才能会见。我不知有此规定，犹如串门，成了不速之客，钱先生略表惊讶，但不以为忤，笑脸相迎。初次见面时，钱先生已经古稀，然望之如中年人，夫人杨绛女士亦在座。我坐在宽敞的客厅里，但见陈设简朴，墙壁上挂有一副吴大澂写的篆体对联。至午时留用午膳，当时宾馆用餐极为不便，过时不候，我只好厚颜留下与两老一起用餐。钱、杨两先生并以新鲜的广州荔枝飨客，甜美难忘。

我呈阅香港初版《史家陈寅恪传》，请其评阅，因谈及陈氏，钱先生说："陈先生学问之博实，无可置疑，然在思想上是否通达、方法上与记诵上是否有缺失、文笔是否洁雅，自有公论，不容曲笔。陈先生通外国语至多，而于外国文史哲巨著，似未能通解，如在《柳如是别传》中说牧斋以柳为‘柏拉图理想’，即因未尽解柏氏书之故。《别传》颇有可商榷处，戏称‘柳岂如是’？”我问钱先生在清华读书时曾否与陈氏有过从，答称在校时未听其课，同事时亦未请教；在清华接触较多的师长为吴宓先生。又问是否认识萧公权先生，谓在清华读书时已知其名，然未曾谋面。钱先生言及两年前有海外访客来，一意欲套问大陆知识分子受难情状。他笑而不语，非有所顾忌，其心情可以“衣带渐宽终不悔”尽之。后来读到杨绛在《从丙午到“流亡”》一书中写道“我问（默存）你悔不悔当初留下不走？他说时光倒流，我还是照老样”，为柳永的“衣带渐宽终不悔”做了更明确的脚注。

同年9月，我自台北携妻儿经香港乘海轮抵沪，10月溯江到武汉晤唐长孺教授后，乘火车入京，于10月19日又往钱府拜望。钱、杨二老见到两孩甚是高兴，钱先生以美式英语与孩子逗乐。当时《管锥编》已驰名海内外，钱先生提到意大利某学者虽不懂中文，然见此书广引意文著作，特在报刊介绍。并承钱先生相告,《管锥编》尚有未竟之篇。钱先生询及近来作何研究，我答称此行主要研究章太炎，先生因谓章氏原配系丫头，可见诸章行严之《柳文指要》。又谓此书因毛主席之捧而红，实则文理尚有不通之处。进而言及许多人为其崇拜者所毁，自孔子至鲁迅皆然。聆此思及钱先生不喜人捧、怕出名，非故作谦怀，实有深意在焉。又谈到陈寅恪，谓1949年后，忽蒙陈先生惠书称赞《谈艺录》，乃陈夫人笔迹，心甚感之。予问陈氏父子皆能诗而陈寅恪以诗证史，介于文史之间，未悉尊意云何？答称陈先生诗做得好，学钱牧斋，亦受李义山的影响。渠老太爷陈三立大有诗名，然除特有的高亢之气外，可取之处无多。陈先生混文于史，实有违文学意趣处，其读《会真记》以自传考论之，尤违文学基本理论。复旦大学中文系蒋秉南教授曾寄《陈寅恪先生编年事辑》稿本给钱先生校正，此书已刊行，虽不完备，但颇有参考价值。钱先生惋惜陈氏晚年双目失明，竟穷尽心力为柳如是立传，刻意求全，觉得不值，其意与何炳棣先生略同。越五年，1986年我趁参加在杭州举办的纪念章太炎会议的机会，会后于7月6日乘火车到北京，又得面见钱先生。我宿于钢院外招的二楼，午后打电话至钱府，钱先生接电话即热情地说“我很高兴又将见到你”，并约定 8 日 10 时相见，共进午餐，予唯有称谢而已。是日 9 时 45 分抵达钱府，钱先生开门，杨绛与钱瑗亦在座。此次钱先生谈兴甚浓，晤谈良久。我携新购得之《〈管锥编〉研究论文集》一册相示，钱先生见之微笑，即至客厅书桌奋笔疾书数行于书端。钱先生说，时人常问渠夫妇治学方法，而所谓方法即科学方法，仍不脱欲求秘籍的心理。我谓此来各校学生亦多以此相询，窃以为文史之学与科学本质有异，彼法未必可用。钱先生深以为然，谓自然科学与人文学科之 Logic（逻辑）不同，盲目效法则如“garbage in，garbage out”，所谓 artificial intelligence，虽多智慧，但无 emotion 耳。偶及钱先生经历，当年确有谣传钱氏将出任毛泽东英文秘书，如同南书房行走，以至于有人设宴款待，皆风派人物也。钱先生说，若欲做官，早就做矣，社科院副院长一职百辞不获，三年后尚须续任，然“绝不管事，任我撒野，每年最多开一次会而已”。

我因曾研究《观察》言论而问及储安平，钱先生谓："鄙夫妇与储熟识，此人极热衷政治，'文革'时某日出门未归，死非其辜，实堪怜悯。"我说据闻储氏"Tall and handsome"，钱先生笑称"Tall and handsome"乃宏观之印象，若微观之，则"Thickish lips, loose mouth and a very weaken chin, which would be of some interest to physiognomists"。盖熟知者始能知其短，但拉丁语曰"只说死者之善"，即吾华所谓死者为大也。足见钱先生之风趣幽默，且观察入微，而又通情达理。

我又问张东荪，钱先生说，此公头脑极清楚，然政治兴趣亦浓，于朝鲜战争前曾参与机密，后因泄露中国将参战之秘给一资本家而遭斥逐，大鸣大放后与储安平同为右派，他们两人还想拔大萝卜、小萝卜呢！又谈到陈寅恪，钱先生说，陈氏如一"eternal refugee"，对共产党固然疑惧，对国民党则"despise, feel disgusted"；渠自身亦有矛盾，如治学崇汉学，却尊宋学。韩昌黎倡古文而定道统，集封建文化于一身，在大陆人人得而唾溺之，陈先生写《论韩愈》似有纠偏微意，惜推韩过甚，反授人以柄，即培根所谓"过度赞美人或事必然招致反弹"。我问陈氏所谓韩愈与唐代小说的传播有密切关系，是否有当。他认为“此论有谬”，六经与小说皆散而不骈，唐人传奇在古文运动前已有，使陈先生之言而信，则韩氏并元稹《会真记》、陈鸿《长恨歌传》皆古文运动之产物矣。后来得见《容安馆札记》，始知钱先生早有此见：“俗学每谓唐人传奇大盛，韩、柳古文与有力焉，余素非之。逋翁国朝数语已可见传奇行文，自有相承旧体，不待韩、柳矣。”钱先生也不同意韩愈文以载道之说，谓：“昌黎以文、道分别为二事，斥庄之道而称庄之文。”近见钱先生读马其昶《韩昌黎文集校注》有云：“后世只推尊昌黎之文，不及其道，所谓摧陷廓清者，亦指文言。”又说：“宋人以昌黎入道统，尊之而实诬之也。近人论韩，更如梦呓矣。”

钱先生说：“陈先生晚年无人可谈，故颂柳如是之才学，若有所弥补，斯乃其痛苦症结之所在。蒋天枢亦知之甚稔，因其忠于乃师，不愿道也。”蒋编《陈寅恪先生编年事辑》曾经钱先生修订，陈氏诗集中许多错、缺字，亦由钱先生补正。有关陈寅恪论战文，钱先生皆曾寓目。钱先生尊陈先生其人、爱其诗，而于其学术思想与研究方法则有如冰炭。

我问钱先生既早已发表《林纾的翻译》一文，何以未写严复的翻译。答称曾有计划写而未果，今老矣！谨授君写如何？因谓曾见曾纪泽日记说，严早年国文文理不通，然《小方壶斋舆地丛钞》本删除此条。纪泽并责郭嵩焘过誉严复，使其骄纵，唯严复后来学八股文有成。钱先生说："又陵英文并不甚佳，意译盖有藏拙之嫌，可以一笔带过，不加深究。至于译者加入己意，乃世界各地之通例，不足为异，绝非严复所创。"章太炎曾于私函中评严、林，谓严文似制举之文，渠评点老庄文，家藏毕见云。

我曾寄赠史景迁撰《康熙：重构一位中国皇帝的内心世界》(*Emperor of China: Self-portrait of K'ang-hsi*）一书，钱先生说："研究明清以来史事如不看当时人诗文集，不免失之千里，如康熙语李光地洋人作怪云云，史景迁即不知，盖不读文集故也。"又说中国学者不通洋文，亦不能治近代史。我问到钱先生诗集，并出示《国风》所载中书君诗，答称正在修改旧稿，以后会出版。今已出版，且有多种版本。

我问钱先生战后是否果有台湾之行，答称 1948 年春曾随故宫代表团到台北两个月，后来杭立武欲接钱家入台，以包车运送行李，台湾大学也有聘书来。决定不走只是不愿离开文化之根，不愿再流亡而已。钱先生说，“文革”之前，1959—1960年已曾下乡，钱瑗曾至京郊穷苦农村及山西农村八个月，谓之“思苦饭”。钱先生认为今日之开放是真的，然都市经济改革问题甚多，钱先生因问贵校是否有高干子弟就读，我说来自中国大陆的学生日多，但看不出是否高干子弟。

我问钱先生生平，答曰：“钮先铭与邹文海所记多有不实之处，吴组缃所谈尤虚妄。”钱先生忆及初进清华时，有一天罗家伦校长忽传话要见，初甚紧张，不知出了何事，原来是罗校长告知因其国、英文俱佳而破格录取事，始感释然。钱先生说《诗可以怨》一文已由香港《译丛》杂志英译，法译亦在进行中，并将出法文论文集，且示我法文校样，谅系译者请其过目也。英文钱传作者胡志德（Theodore Huters）及其妻余宝琳（Pauling Yu）亦欲英译钱文，唯渠夫妇乃“bad correspondent”，因托我带去《七缀集》与杨绛撰《记钱锺书与〈围城〉》各一册给他们。偶及香港宋淇，谓淇乃宋春如之子，宋家在上海与香港皆拥有大洋房，上海豪宅1949年后由傅雷一家住。又谈到美国斯坦福大学刘若愚教授因喉癌于数月前逝世，钱先生说刘氏去年曾过访，很活跃的样子。杨绛颇关心张爱玲近况，我说相传她有病，深居简出，夏氏兄弟颇捧她，杨先生说夏志清乃张之“admirer”（仰慕者），钱先生笑说：凡女士志清都admire。我出示黎东方评斯特林·西格雷夫（Sterling Seagrave）著《宋家王朝》（*The Soong Dynasty*），谓已看过中译本，钱先生说季康看得津津有味。

我呈阅《史传通说》未竟稿，钱先生略翻阅后说“比《康章合论》有趣，一定要细看”，并提醒先引经典古籍而后附以近世学人之说，庶几穷源探本，而非数典忘祖，因谓新版《谈艺录》序文中提到汪荣祖，许多人问：“此何许人耶？”钱先生说：“是我喜欢的一个年轻学者。”我闻之汗颜。《史传通说》完稿后，蒙钱先生惠序，并题签书名，谓“聊志吾两人文字因缘”云，令我感奋不已。移晷，钱先生说康有为受廖平所著书启发，尚有流传未广、鲜为人引证之李审言《药裹慵谈》所记：沈曾植曾亲告审言，谓曾以廖书与南海持回视之，南海以此心醉《公羊》，非由龚定盦上溯刘申受也。最后又说："这顶乌纱帽一再摔都摔不掉，现在都换年轻人了，我这个七五老头子在那里干什么？三年一任到期，仍要我再干一任，坚辞不允，我只好更加放肆，什么事也不做。"此次钱先生谈锋甚健，为时最久，临别时赠我美国哲学家内格尔（Thomas Nagel）新著《本然的观点》（*The View from Nowhere*），此书思考主观性和客观性的哲学问题，谓值得一读。杨先生亦赠新作多种。临别时，钱先生说："古人云：'一会见面一会老。'愚夫妇暮景桑榆更深，一会见面一会少（多少之少，非老少之少）之叹，惜别倍感依依。"令我动容。钱瑗赴北师大，顺道送我至钢院，一路畅谈，得知她曾学俄语，现积极从事英语教学工作，谈话神情，令人振奋。

又过了两年，1988年的5月22日，我自美东飞抵香港，24日转往广州，出席在中山大学召开的陈寅恪学术研讨会，会后于6月2日清晨飞抵北京，宿于玉渊潭之望海楼，步行可至钱府，遂于6月2日下午3时往访。钱先生垂询广州陈寅恪会议经过后，谓陈先生不喜共产党，瞧不起国民党，既有遗少味，又不喜清政府，乃其矛盾痛苦之所在，并重申前说。我问冯衣北究系何人，答称据知冯原姓刘，诗中如彻骨云云，宋诗多见。我曾寄先师萧公权《迹园诗稿》与《画梦词》，故问其意见，钱先生答称萧先生自是名家，今能此者已不多，唯不免举轻若重耳。叶公超亦喜作旧诗，差萧先生远矣！因谓许多名人之透明度，日见昭然，如毛、如鲁迅皆然。历史确须不断重写，即因透明度之日见昭然也。我曾寄胡颂平编《胡適之先生晚年谈话录》，其中胡说未曾见过钱锺书，钱先生曾回函说博士健忘。此次又提到此事，钱先生说不仅见过，而且见过三次。第一次在上海合众图书馆。第二次在陈衡哲家吃饭，陈以蟹壳黄小烧饼待客，胡嫌寒酸，故印象深刻。第三次谈时事，大意具见胡適日后发表的《史达林策略下的中国》（*China in Stalin's Grand Strategy*）反共文字之中。钱先生提到胡適人品高，因当时世人皆以为胡不弃小脚老婆，不二色，钱先生当时尚不知胡適身后出现不少艳闻，故有斯言。钱先生谓近年收到不少台湾出版之书，少见精彩之作。钱宾四虽是史家，然其回忆录极不可靠，所记事之时间也多舛误，若谓在常熟见到子泉、锺书父子，大谬不然，钱先生说生平不曾到过常熟，感叹如此历史与“fiction”何异。今日回首往事，侍谈极欢，甚感与钱先生相识恨迟，相见恨不永也。

1989年6月北京发生政治风波，震动一时，我曾去信问安，7月13日杨先生回函说：“北京动乱，谣言满天飞，官话当然不如谣言动听，但我等身居此间，深知官话非全饰说。我等皆安好，请勿念。”钱先生附笔说：“奉书弥感关注，愚夫妇托庇平善，此生尚有晤面期也。17世纪英国诗人Earl of Ro-scommon有言：‘It was best to sit near the chimney when the chamber smokes.’言殊中肯，吾兄寻味之，一笑。”后来收入《槐聚诗存》的《阅世》七律，即记此感也。

钱先生于1989年之冬，突发喉炎，牵动哮喘宿疾，来信说：“幸医药及时，未致狼狈，然奄然二月余，亦甚委顿。”1990年后，右拇指痉挛，“举毛笔如扛鼎，用铅笔写亦不能成字，甚矣吾衰”！此后钱先生病躯日衰，常住医署，未便造访，但从通信中，可知他病得很辛苦。他于1994年2月23日来函有云：“去春住医院三月，卧手术台上六小时，割去左肾（乃Big C），内人陪住医院，辛劳万状，渠身本患血压、心脏，以此加剧。出院后又逢寓所修缮，椓椓丁丁，昼夜喧扰，如是者又四月余。现在愚夫妇皆惶惶以就医服药为常课，谢绝一切外务。”此为1993年3月5日动的大手术，风险很大，幸而顺利完成。到1994年7月钱先生因肺炎住院，却又发现膀胱中有癌细胞，经由激光切除很成功，但导致仅存的一肾，功能衰竭，利用人工肾应急，一个多月后始解除危机，改用“透析”（haemodialysis）法，使肾脏功能有所恢复，在扶持下可走几步路。到10月底又因感冒而引发高烧，变得极为虚弱。因用药无效，高烧不退，精神不济。钱先生病情反复，甚是辛苦。到1996年，钱瑗也病倒了，入住西山脚下的北京胸科医院，我与内人曾寄卡祝她早日康复，并寄送《理智与情感》英文版录像带，让她在病中观赏解闷。她很高兴，对病情表示乐观，哪知检查的结果是肺癌晚期，自此再也没有接到她的来信。他们仨感情深厚，钱瑗得了重病，瞒着母亲杨绛，杨绛知道后更不敢告诉卧床多年的钱先生，最后还是瞒不住，也免不了刻骨铭心的悲痛。钱瑗于1997年3月4日病殁，钱先生于翌年12月19日逝世，只剩下杨绛一人年过期颐。

钱先生谢世后，杨先生曾于1999年初惠函，我于1月23日回信说："元月五日手示，昨始递到。晚于上月二十日即得恶耗，又看到李慎之先生在《新民晚报》上的文章，以及新华社的报导。默丈走得如此洒脱，真似化鹤归去，其境界远远超越尘世。我想若追随众贤之后，写悼念文章，不如写一本书作为永久的纪念。"我在信中还提到："上月在南加州与何炳棣先生聚谈了几次（记得默丈在信中提到何先生与你有姻亲），何先生看到我写的《史传通说》，笑称'俨然钱体，难怪他会视你如忘年交'。我听后，惭愧之余，又感荣幸。"

我寄给钱先生求教的拙撰之中，他的确最喜欢《史传通说》一书，于1988年12月16日来函曰："奉书及惠赐新著，喜甚。弟序之、题之，兄犹以为未足，并以拙稿传真，荣宠至矣！何以克当？新著读[illegible]过，学识明通，词笔雅适，新旧学者，侪辈中无足偶比；齿及不才，再三再四，独不虑偏爱之讥乎？是则美中不足耳！"我更感激的是，钱先生于赞赏之余，也指出书中的缺点："大著已卒业，通识博闻，益我神智，开我心胸，必为名世之作。体例极具条贯统纪，吾国《史通》而后，无此赅综之著，而文笔亦明畅可诵。百尺竿头，求更进一步者，则援征近世学人著作较夥，求之古籍者较少。即就第一篇引拙著，‘非记言乃代言’一节论之，弟原引 Livy，Hegel 既早在当世学人持此说之前，而 Hegel 之言，实即本于 Thucydidēs 自道（详见《谈艺录》补订本第 363—365 页）。兄先引 Thucydidēs 自言，而附近世学人之说于后，庶几穷源探本，而非数典忘祖矣。”又说：“读吾国及欧美近日学人著述，每有‘To cite as an authority a modern academic where he may use a classic author’之叹，故于兄有厚望焉，不惜遭高明之嗤鄙也。”曾有人批评钱先生“厚古薄今”，不重视近人著作，其实是误会，他要强调的是“穷源探本”，重视原创。古典成为经典自有其高度的原创性，后人引用阐发，不能掠美。借用钱先生的话说：原创者是“说自己的话”，引用者是“说人家的话”，不能“用自己的嘴，说了人家的话，硬说嘴是自己的，所以话算不得人家的”，作学术研究势必要认清谁说的是自家的话，哪张嘴说的是别人的话。

我于 2003 年 10 月赴天津参加梁启超学术研讨会后，于 16 日转往北京。翌日九时半往访杨绛先生。

进门见客厅如旧，墙上改挂陈石遗的对联与条幅各一。杨先生说我的“槐聚五论”，文长百余页，很能阐释锺书的想法，惜锺书不能见之。她气色甚好，健步又健谈，只是有点耳背。她说钱锺书留下不少尾巴由她来收拾，有许多烦心的事。她送我《围城》中英文对照本，并签名代赠，又示我已出的手稿影印本三巨册，十分壮观。杨先生特别提到，锺书晚年很欣赏陈寅恪的诗，曾说早知陈先生如此会作诗，在清华读书时，一定会选陈先生的课，使其成为恩师，但也不必讳言，他们在释诗上有不同的看法。

杨绛先生说：“夏志清写文章谈《我们仨》，说钱瑗嫁给工人，在共产党统治下一事无成，皆非事实。钱瑗先后二次结婚，夫婿都是书香门第；而她的英语教学事业在北师大有目共睹。”杨先生说，夏捧钱锺书却又捧张爱玲，而张在沦陷区上海曾参与东亚共荣活动。夏志清称杨绛为“大姐”，因他曾 court（追求）小妹杨必。接着杨先生说，有一位海外作家，写钱锺书传颇令她失望，她提供的数据未善加利用，却多有侵权，最不可取的是引用明显不实之事，虽略作辨正，却又何必？午时吴学昭女士来，我们步行至三和居吃午餐。杨先生很少外出吃饭，“文革”后这是第二次，上一次是与亲家吃饭，吴女士说善仪与我的面子大。三和者，天和、地和、人和也，名菜有清蒸桂鱼、香酥鸡、红烧乌参。钱先生生前有意将所藏《柳如是别传》相赠，我第一次到大陆时，陈寅恪的《柳如是别传》出版不久，我马上买了一套。我到钱先生家，他把《柳如是别传》给我看。我一看，里面有密密麻麻的批注。我当时脱口说已经买了，一出门想想不对，那批注何等珍贵！我回到上海写信给他，说想看看他的批注。他说本来是要送给你的，但刚好有人借去了。过了很久之后，钱先生写信说对方已经还了，但我一直没有拿到书。钱先生过世后，我还问过杨先生，当时吴学昭女士接口说，早已烧掉了！岂不太可惜了？

杨先生于钱先生身后，整理编辑遗稿，不遗余力，大量读书笔记之出版，嘉惠学子，厥功至伟。但我总觉得笔记是已经用过的素材，钱先生未必愿意留世，若有心人在笔记里挑剔，反而有违杨先生保护钱先生的初衷。杨先生十余年来勤于练字，书法亦已自成家数。钱先生生前所谓“最贤的妻，最才的女”，谁曰不然？杨先生于2016年5月25日与世长辞，享寿105岁。

语云："名满天下，谤亦随之。"钱先生亦难免。钱学得自天赋、得自家学、得自时代。而三者，后人难以兼有。钱先生与世无争，有如市隐；然而凡具风骨的学人，多少有"知识人的傲气"，何况钱氏博学多识，阅世与论文每能推见至隐，不免直言无忌；固然有人赏识，然亦有人难以忍受，嘲讽其不饶人之性格，视其批评为骂人，最颠倒黑白者，莫如扭曲其淡泊名利为热衷名利。其晚年盛名非其预期，更非追逐可得，只因时空巨变，其学始大显于世。但是盛名之累，使其不得安宁，自叹"浮名害我"。钱先生晚年逃名唯恐不及，北美名校屡以讲座邀请，西欧汉学会议以贵宾相招，均一一婉拒。利则由名而来，无非是畅销书的稿费，最后钱家所得之数千万元巨额版税由杨绛先生全数捐作清华奖学金，嘉惠学子，令人感佩。

我于2009年即钱先生百岁冥诞的前一年，在台湾中坜的"中央大学"主办了为期两天的"钱锺书教授百岁诞辰纪念学术讨论会"。我们知道钱先生并不喜欢为他开会，并无意从俗，只是在钱先生逝世12

年之后，百岁诞辰到来之际，缅怀百年难遇的奇才，以素心如荒江野老商量钱学。当时研究钱学的学者已非常之多，我们虽只能邀请部分学者参与，但他们来自美国、德国、意大利，以及中国大陆包括香港、澳门。美国加州大学的艾朗诺（Ronald Egan）教授、德国波昂大学的莫芝宜佳（Monika Motsch）、香港城市大学的张隆溪教授、澳门大学的龚刚教授、南开大学的叶嘉莹教授、复旦大学的付杰教授、河北大学的田建民教授，台湾大学的张健教授、佛光大学的黄维梁教授、高雄中山大学的余光中教授与简锦松教授、成功大学的张高平教授、“中研院”史语所的王明珂研究员、“中央大学”王次澄教授，以及我本人与人文中心同仁。我曾打电话给在纽约的夏志清教授，他闻讯甚感兴奋，想要参与，但被他夫人挡下，说医生早有嘱咐，以其高龄与健康情况不宜再作长途旅行。此外有一位意大利年轻女学者狄霞娜（Tiziana Lioi）正在以钱锺书为题撰写博士论文，自请与会，我们当然非常欢迎她。

两日相聚，畅所欲言，深得以文会友之乐。所提论文，皆言之有物，多有独见。印象最为深刻的是，说诗名家迦陵先生评赏钱诗，谓其诗句精雕细琢，几无一字无来历，然因性情之故，博学与思辨极强而略欠浑涵流畅、自然感发的兴会。文坛大佬余光中教授指出钱先生以学人身份写《围城》，这部小说“无论叙事、描写、对话、议论都饱满无憾”，登上嘲讽小说的最高境界。他又说：“20 世纪的中国文学家里，才学并高者，应推钱锺书为第一。才气能与他相比者，倒有几位，学问能与他并胜的，就很难找了。”余氏更自认他自己的文体，因钱先生的启示，早熟了十年，可称佳话。艾朗诺教授是《管锥编》的英译者，肯定钱先生的学问渊博，言语犀利，以其睿智与先贤对话与辩难，超越前辈，达到“脱胎换骨”的境界，不愧为 20 世纪最有学问的中国学者。莫芝宜佳教授与钱锺书、杨绛夫妇交往密切，相知甚深。她发现这对文坛双璧，在性情上钱较退缩，愿意逆来顺受，而杨外向，遇事有主意，勇于排难解困；然而在文风上正好相反，钱尖锐而杨内敛，不愧是知言。狄霞娜见及钱先生掌握与运用意大利文的超高能力、能充分领会原文的趣味，使她更惊讶的是，钱先生引用意文之广博，有些作品连意大利学者都很少有人读过，更不必说较古老的意文，连母语读者都难索解。狄女士告诉我们，钱先生意大利文的水平极高，她认为意大利文学对钱先生有极为重要的影响，至少起了“照明”的作用。狄女士的博士论文《钱锺书在另种话语里》(*Qian Zhongshu in others' words*)，经由隆溪兄审阅后，由“中央大学”出版中心于2014年出版。

到了2018年，钱锺书先生逝世20周年之际，在香港城市大学张隆溪教授的策划下，北京大学与钱先生母校牛津大学联合在北大举行了“汇通中西：钱锺书先生人文学术成就国际研讨会”，牛津大学特派代表团出席，参与的国内外学者颇多，时任欧盟驻华大使是一位研究杜甫的汉学家，在其官邸以酒会招待与会学者，我得以躬逢其盛，极尽以文会友之乐事。

钱先生独学孤行，置毁誉于度外，自谓已至谀不喜而毁不怒的境界。但盛名之下，无端之传闻不断，仍使他感到困扰，于言谈间感叹“老糊涂信口开河，小钻风见缝插针，一人言虚，万人言实”，殊觉无中生有、积非成是的无奈，尝告诫我辈曰：“见此等消息，必存戒心，无采入传记也。”钱先生晚境如此，自比湖上朝天之龟，动弹不得，深憾“人海无风亦起波”，痛恨为“众蝇所啄也”。犹忆 1982 年 2 月我返美前辞别，来书云：“得书知返美期逼，未能把别，益增惆怅。”并自谓：“七十老叟诵少陵诗，‘明日隔山岳，世事两茫茫’之语，此别益觉凄警矣！”情谊如此，令我感愧不已。至今回想，当时吾尚在壮年，岁月不居，而今也已八十老翁矣！中国传统学问文、史、哲“三位一体”（trinity），关系密切。现代中国受到西学的影响，崇尚专业，形成专家之学，三位一体受到挑战。文学、史学、哲学因而分道扬镳，各自成为独立的学科。当今有识之士终于觉悟人文学科之间跨领域对话的重要，而钱锺书的学问就是这三位一体的化身。

# 第八章

# 才大如海的何炳棣先生

我初次见到何炳棣先生是1959年将要进入大三那一年，他到台湾大学文学院二楼大教室演讲，由文学院沈刚伯院长主持，系主任刘崇鋐以及张贵永等教授坐第一排听讲。记得沈院长在介绍主讲者时提到何炳松先生，炳松、炳棣是堂兄弟，但两人年龄相差27岁。何炳棣先生那天讲的是有关人口问题，取材自当时刚出版的英文版《1368—1953中国人口研究》（*Studies on the Population of China*，*1368—1953*）。这是何先生第一本书，也是他的成名之作。此书探讨600年来中国人口的增减与农业生产，以及政治与经济的关系。他曾用四个夏天在美国国会图书馆翻阅3,000多种地方志与北平图书馆所藏善本方志300余种，根据大量的数据，修正前人的许多错误。如在仁和方志中发现“半丁”，知丁非壮丁，丁和亩都是纳税单位，所以丁不能作为人口数。此一发现，对人口的估计有重大的影响。另外在移民问题与服役制度上，他也有令人叹服的论证。此书很快成为此一课题的“开疆辟土”（ground breaking）之作，除了学界的佳评之外，伦敦《泰晤士报》以社评介绍此书，使其受到国际普遍的重视。当年他瘦高的个子，在讲台上一边讲一边走来走去，偶尔在黑板上写下数字。当时十九岁的我，对这位意气风发、极具自信的中年教授，印象深刻。但他不会知道，在满堂听众中有我这个学生。后来他在回忆录中说我与我的未婚妻也在座，其实当时还是很少见面的女同学而已，离未婚妻还很遥远。何先生是后知后觉了！

我初读何先生的著作是在西雅图读书时，美国教授指定我们读《明清社会史论》（*The Ladder of Success in Imperial China: Aspects of Social Mobility, 1368—1911*）。此书根据三四万进士和举人的三代履历，呈现明清社会的流动，是一本以社会科学方法治中国史的原创性著作，所以引起西方汉学界极大的重视，被全美学术联合会评选为整个史学范围内最主要的 750 部书之一，也影响了在台湾研究社会经济史的好几代学者，引起学界普遍的重视。英国汉学家杜希德（Denis C. Twitchett）认为它是融合中西学统、具有创见与慧眼的“显赫之作”（a brilliant book）。然而也有人挑战此书以争胜，哥伦比亚大学的海姆斯（Richard Hymes）教授就是挑战者，但是海氏混淆了“家”与“族”等基本概念，以至于模糊了新进士“向上流动”的社会与制度意义，因而怀疑科举能促进统治阶层与平民之间“血液循环”的论点。加州大学洛杉矶分校的艾尔曼（Benjamin Elman）教授研究明清科举，史料完备，但有关社会流动问题，仍然延续海氏的论点，认为何氏低估了家族与婚姻对社会向上流动的作用，以至于所得出三代平民出身的进士比例，失之过高。何先生借今证古，指出唯有中试者祖上三代履历，才“最能反映社会阶层间的上下流动”。艾尔曼在日本辛勤搜集的 11 种具有三代履历的进士录所示，平民出身的中试者的百分比，大都与何先生的统计符合，甚或稍高，恰恰可以证明：科举考试在相当程度上仍然是明清社会阶层上下流动的主要渠道。艾尔曼回避这些统计数字的意义，以免证实平民中试者百分比之高，有碍其书中的主要结论。最近徐泓教授完成何先生这本书的译注工作，为何先生的论点增添了好几倍的材料，一般新材料的出现常会否定旧论点，然对何著而言，大量新材料反而强而有力地证实旧论点。何先生与我谈及此事，颇感自豪。不过，他在给我的信中说："这本《明清社会史论》在我所有的著作里，运用社会科学理论较多，也最为谨慎，曾引起不少学者仿效……但此书问世若干年后，蓦然回首，我对某些社科观点、方法与理论逐渐感到失望与怀疑，最主要的是不能满足历史学家所坚持的必要数量和种型的可靠史料，因而显得理论往往华而不实，容易趋于空谈。"他认为引用资料应着重内证法，以字源学或文字训诂学为阅读古代文献的工具，经过章句排比与解释的程序，逐字深钻细嚼其义，配合对史事、制度、社会特殊性的了解，再透过宏观的制度史考察，无须硬套西方观念作为比附，更不必以西方理论来重建古人的思想体系。若不自训诂探索章句原义，不深究古代具体历史背景，专找古书中歧出之处，注入西方观念来美化或净化中国古代思想，都犯了方法上的谬误。虽说如此，何炳棣的有关明清人口与社会两部史论的出版，奠定了他的学术地位，使其得到芝加哥大学的礼聘。芝大是美国名校，他曾拟延揽哈佛的杨联陞过来，使“瑜亮”同校，天下无敌；何先生说“杨（的汉学）和我（的史学）二人联合的拳击力度（one-two punch），决不亚于任何西方与东方著名学府中史教研方面最具代表性的力量”。芝大居然有气魄以全校讲座教授聘杨，震撼了并不太重视杨的哈佛，哈佛遂以燕京讲座留住杨。何虽未为芝大凑齐双璧，显然拉抬了杨，亦可略见美国学界挖角以抬身价的效果。何先生在芝大24年，成为讲座教授，并被选为美国亚洲学会会长，为华裔第一人，用徐道邻的话说，何先生“辩才无碍，游刃群雄间”。

何先生及其那一代的学人身处新旧交替的大转变时代，亲历动荡中国的内乱外患，尤其是日本之疯狂侵华，特别心系祖国。他原想学成后回清华，承先启后，大展史学宏图。但因时局突变而滞留异域，只能在北美扬名立万。他在美国大学任教，纯粹是学院中人，生活大都在校园内，活动鲜出学术圈之外，但是由于长期的冷战、东西对抗，风声、雨声多少会撼动书斋里的读书声，他时而不免卷入象牙塔外的纠纷，觉得有背负国族十字架的感觉。他客居异乡，因而有故国之思，希望中国富强。何先生因其性格上的强势，在爱国情操上表现得更为强烈。犹忆 1981 年的秋天，我参加在武昌举行的辛亥革命 70 周年学术讨论会，在东湖会场遇见何先生，当一同游览长江时，我为他拍了一张照片。翌年，接到他的来信说："蒙摄扬子江边濯手一照，至感至感！波兰天才音乐家萧邦远赴巴黎时，曾携故乡砂土一袋。余以炎黄子孙，决心一亲长江之水，正此意也。"爱国之情，情见乎辞。我感而赋诗曰："弯腰取得长江水，默念肖邦故土泥；客路同怀家国恋，天涯莫作倦禽栖。"爱国之心，四海同情，然而有人却以为爱国有碍客观，以此攻讦何氏。事实上，何炳棣的爱国不会减轻他作为史家的分量，就像杨振宁爱国不会减轻他物理学家的分量一样。法国的伟大史学家布劳克（Marc Bloch），是两卷本经典名著《封建社会》的作者，也是法国伟大的爱国者，他曾说过"他是彻头彻尾的法国人，完全沉浸在法国的精魂与传统之中，使他不可能在另外一个国家自由地呼吸"（he was so thoroughly French, so impregnated with the spirit and tradition of France, that he did not think he could breathe freely in another country)。他最后因抗拒德国侵略而死于纳粹监狱，布劳克的爱国也丝毫无碍他的史学。明乎此，便知当回国之路一通，何先生带队首批留美学者回到祖国探访，他感受到新中国的精神面貌，回美后兴奋之余，对"文革"也有正面的评价。其实当时的美国记者也说，在中国看到了美国当年的边疆开拓精神和清教徒的刻苦耐劳，何先生作为炎黄子孙，感受当然更深。有人说他受了骗，我觉得他就是出自爱国心。当年连对中国没有感情的外国记者都有极为正面的感受，何况何先生对中国有深情之人。他当时的一些言论，我觉得完全可以理解。但他后来发现情况并非如此，也就有点后悔，不愿意再谈那些事了。他自认受到某清华老同学的误导，老同学告诉他中国如何如何，结果他跑到国外去说。他在回忆录里头也很少提到这件事情，几笔就带过去了。

何先生南人北相，长得高头大马，望之森严，即之也温。他做学问有关老爷耍大刀的气势，却又怀有绵密的细心。我仍然保存着他于1962年到台湾出席第二届亚洲历史学家会议时的访谈剪报，他向记者特别强调，史家不仅应该使大刀阔斧，也应该能用绣花针。所谓“大刀阔斧”，宏观的理论是也，而“绣花针”则是多维度的细密考证。“绣花针”与“大刀阔斧”正是何炳棣作为史学巧匠的利器，他力图超越“大杂货铺”式的“汉学”（Sinology）旧传统。何先生说“开杂货店”是杨联陞的自嘲之词，认为“西方汉学家之专长在中亚等语文、宗教史、物质文明等方面，名家如伯希和、劳佛、戴密微等虽有专长，但其中无一人能通识中国古今政制、社会、经济事务，他们都失之于无能力抓最关键的大问题”。所以何先生在海外绝不以汉学家自称，他志向远大，选题严谨，非具有意义的大题目不做，而且将其课题与特定的学术专业接轨，例如他的《黄土与中国农业的起源》（*The Loess and the Origin of Chinese Agriculture*）发表于1969年10月的《美国历史评论》（*American Historical Review*）上，《美洲作物传华考》发表在国际第一流的《人类学学报》上，他的《中国历史上的早熟稻》发表在国际第一流的《经济史评论》上，《扬州盐商：十八世纪中国商业资本的研究》，发表在《哈佛亚洲研究学报》上。另有一文《北魏洛阳城郭规划》，也可见其著作之规模宏大。此文对中国中古城市的设计有重大的发现，与西方主要城市相比，洛阳的面积要大得多。他审密估算，考订与推论之余，发现北魏坊里制是按照京城全盘的社会经济而设计，反映当时的社会经济制度。四郭坊里之间的区域划分，大致以社会阶级为依据，呈现贵贱之分，所谓“寺署有别，四民异居”，洛阳的规划有别于西汉的长安，反映两个不同时代的社会与现象。何先生这些重要的论文，展示他结合社会科学方法与传统训诂考证的能力，为海外研治中国史开启了新的篇章。

何先生研究的课题愈来愈大，他要探讨中国文明的起源。想要探讨任何起源的问题，都是头等的难题，但何先生就是要攻克最困难的题目。难处在于必须涉及许多专业知识，包括古自然环境、农业、家畜、陶器、青铜器、语文、社会、宗教等等。攻克这些难题的艰苦与毅力，可以想见。为此，他经常以长途电话与各领域的知名专家学者商榷，澳洲国立大学的王铃教授曾见告，他常在半夜接到何炳棣从芝加哥打来的电话，一谈就是好几个小时。英文原版《东方的摇篮：纪元前5，000年到1，000年华夏技术及理念本土起源的探索》(*The Cradle of the East: An Inquiry into the Indigenous Origins of Techniques and Ideas of Neolithic and Early Historic China, 5,000—1,000 B.C.*)终于1975年问世。这本书因其内容，牵涉不少自然科学的知识，何先生自称："我平生治史素重选题，始自明清，上溯宋金的人口，到北魏洛阳地区；数年之后，又自修多种科学工具，于1975年以英文完成《东方的摇篮》。"他在写作过程中，对社会科学理论反而兴趣大减，但对训诂考证仍然毫不放松，论证依然十分严谨。他论证中国文明的起源虽然艰辛，但结论非常明确：中国文明有其本土起源，而黄土是中国文明的摇篮。此一结论来之不易，何先生自认生于"五四"前夕，深受崇拜西方、鄙视传统思想的影响，未尝怀疑人类文明源自两河流域的一元论述。其实连章太炎亦依从法国汉学家拉库伯里(Albert Étienne Jean-Baptiste Terrien de Lacouperie，1844—1894)之说，以为方夏之族，出于加尔特亚(今译卡耳迪亚)，就是古世界文明的摇篮。何炳棣辛勤所得，觉今是而昨非，然亦自知必有人视东方摇篮新说为"沙文主义"(chauvinism)，故于序中说，若以为此书有什么中华沙文主义的味道，只能因他数十年来不自觉成为西方学术沙文主义受害者之故，误古文明是一元的。此一神来之笔，触发了大争议，盖西方可沙文，东方不可也！批判沙文，未免使他的论点失焦。何先生最感遗憾的是，考古学家张光直显然嫌史家何炳棣"入侵"其学术领域，纠合加州大学中国古代史教授祁特立（David N. Keightley）等围攻何炳棣。祁氏更针对何著，撰写了30页的书评，吹毛求疵、挑剔细节而不及主要结论。凑巧的是，祁氏正是何书秘密审稿人之一，他在审稿中强力推荐何氏此书出版，认为书中充满新颖而又原创性的理念，何氏的翻案是理所当然的，更认为同领域可比之书，唯有张光直的《古代中国考古学》，但张书就何书所涵盖的众多议题仅一笔带过，何书聚焦于土生起源，且给出明确的答案，而张书虽提出疑问而无答案。何氏语气刚硬，虽有引起争议的缺失，但何氏已证明了他的主要命题：中国文化由其本土发展出来。所以祁氏建议这本杰出的著作，必须出版，而且越快越好。但此书却出得很慢，迟延了五年之久，显然是非学术因素的干扰。《东方的摇篮》既出之后，祁教授却推翻前见，与张等合力攻何，以“中国文化起源”为题目，出版巨册论文集，意在推翻何氏新说，为张氏关于华北最早是用“砍杀法”的游耕制的说法张目。何先生写了长篇书评回应，凭借科学、考古、训诂互为验证，说明具有“自我施肥”性能的黄土地带，自始就是村落定居的耕种制度，力驳中国文明起源的华北，在湿润的自然环境下为游耕制、砍烧制的观点，而是根据半干旱环境下肥沃的黄土地，断言游耕制绝难成立。何先生感到意外的是，祁、张等对何之辩驳，默然无一字回应，有反西方学界的常态。欲辩无言乎？

何先生于1987年自芝加哥大学汤普孙讲座教授退休，位于尔湾的加州大学于1990年礼聘何炳棣为杰出访问教授。他因而不仅退而不休，而且在学术上又开一春天。他自修心理分析写成一篇有关《红楼梦》的文章，何先生也谈《红楼梦》，出乎许多人的意料。他检阅中西典籍，自称“自修过程之艰难为生平所仅见，亦可谓劳苦之甚矣”！这是他生平的第一篇，也是最后一篇论《红楼梦》的文章。他发现能够深表爱的起源那种深层抽象思维的作品，不过三部：柏拉图的《会饮篇》、弥尔顿的《失乐园》与曹雪芹的《红楼梦》。他从爱的理论讨论主角贾宝玉的性格与怪癖，接着论色欲与爱情的关系与分际，最后讲曹雪芹所提出的“意淫”在心理学上的意义。何先生明言，他的讨论范围仅限于男女之爱，因现实的男女之爱已经是人类文学史上极为丰富的题材。在多如过江之鲫的红学作品中，此作独树一帜，我推荐到老友刘梦溪主编的《中国文化》季刊上发表。夏志清教授在纽约看到此文，特写长信给何炳棣，表示激赏。

何先生晚年的主要精力放在先秦思想的攻坚上，在学术上又是一个飞跃。他从钻研文化起源到钻研思想起源，自亦有其一定的逻辑。从本土的特性发见华夏原始农耕的特性，又从此特性发展出村落定居农业以及家族制度和祖先崇拜，可见自仰韶一直到西周期间“血缘链环”之形成，以及之后借宗法制度的推广来控制广土众民之行为。秦汉大一统在政治形式上固然变成郡县，但在精神上仍然延续宗法，皇帝实乃超级之宗子。华夏文化中延绵不绝的“宗法基因”之发现，为何先生最重要的创获。他深层研究中国的“宗法基因”，阐发华夏人本文化的特殊优点及其现实意义，认为不可被似有创意而数据不足的社会科学理论所迷惑，必须从大量而多种史料考订、诠释入手，总是以坚实的史料为据。深感有志于国史者，诚可以此“基因”为主旨，重写一部崭新的中国通史。

何先生攻先秦思想之坚，立即在考证上有重要的突破，其要端有二：其一，考出《孙子》成书于公元前 512 年，所以早于《论语》，为吾国最早的私家著作，故亦早于《老子》，而且《老子》之辩证思维实上袭《孙子》，首发孙老易位的“石破天惊”之论。其二，重新考定老子年代，从司马谈与老子后人李解之关系与获得之李氏谱系，上推李解父祖，估算老子李耳约生于公元前 440 年，晚孔子约 111 年，晚墨子约 40 年。并驳王国维《太史公行年考》一文中所谓司马迁生于公元前 145 年之说，而确定为公元前 135 年，拙著《史传通说》亦不以王说为然，甚喜何先生更加细密地考定司马迁的生年。何氏又进而从孙老之文本，论证老子的辩证思维实祖述孙子。

何先生重新定位先秦思想，一旦确定，势必对中国学术思想史有革命性的影响；然而定位之工作尚未竟全功。《孙子》一书既被定位为吾国最早的私家著作，而作者孙武又是“人类史上最彻底的行为主义者”，对后来诸子百家的影响，当然不仅仅老子一家而已。何书篇末指出，《孙子·计篇》所谓道，乃“令民与上同意也”，已发一元化政治机制的先声，而《墨子·尚同》的篇名，正是孙子论兵要旨的忠实简化，而其内容则表达了由“同”到“一”的语义转化，已出现“一同天下”的语句，所谓“同天下”者，即“一天下”也，亦即是将整个天下“一以同之”，甚至进而推论治国若治家，使全民若使一夫，圣王为了使天下大治，莫不以“尚同为政”。足见生于孔子与孙子之后的墨子，已认识到政治机制之“一元化”，乃时代趋势之必然，而此一元机制也就是允许圣王无条件统治无知民众的专制机制，最后成之于秦始皇之手。此外，墨子学说更视《孙子》残刻阴森如同“行为主义”的理论体系，诸如“若驱群羊，驱而往，驱而来”，加以伦理化或宗教化，诸如讲“列德而尚贤”，说兼爱、敬天鬼。墨子大讲伦理道德迫使行将争鸣的诸子百家，也披上伦理道德的外衣。百家学说固然有异，但其核心莫不是人君不择手段的南面统治之术；然而“外衣”毕竟是装饰，其核心思想仍是专制一统。百家争鸣的最后胜利者是讲究严刑峻法的法家，自孙武到商鞅的兵法直到韩非集法家之大成，再发展到秦汉以降两千年的专制政治与文化。此一思想史上的轴心，已经隐约可见；然而有关法家的渊源，以及其中错综复杂的思想关系，非短期可以厘清，何先生晚年才开辟新领域，他认为研究思想史的人没有先在制度史方面打好基础，论证不免空泛。他先做制度史，再回来做思想史，觉得有重大发现，就钻研下去。惜时不我与，巨大工程未能于生前完成。根据他对中国早期思想史的研究，可能需要重新改写中国思想史。他研究老子、孙子，认为先秦诸子的思想发展到法家，已变成严酷的专制集权思想。所以秦始皇以后中国2,100多年的专制是有渊源的。老子、庄子，过去大家都以为是道家一派，讲究无为，现在很多人甚至认为他们是自由主义者。何先生不这么认为，他觉得老子讲的是一种非常厉害的治术，要控制老百姓的思想，诸子都是讲人君南面之术。何先生深信研究思想史不能仅对古人哲学概念作现代诠释，不能将思想从两千年来政治、社会、经济诸多层面的阻力中超脱出来，更不能无端加以美化。他深信研究历代思想家，应该衡量概念与思想在当代与后世政治社会实践的差距。

我常觉得人与人之间交往很有趣，其间似乎有一种化学作用，有不少不容易相处的人，都成为我很好的朋友。何炳棣先生和钱锺书先生，都是不喜欢交际应酬的人，又是我的长辈，能成为他们的忘年交，我很感荣幸。何先生更是性情中人，很多人怕与何先生来往，我却与他相处得很好。我觉得他是带感情的铁汉，对恩师雷海宗先生的深情始终不渝。他回忆在清华读书时让自己受益最多的就是雷海宗教授。50 年代海内外道路不通，何先生在海外发表的论文、出版的书，想尽办法寄给恩师，师弟鱼雁不辍。何先生认为雷先生“是真正兼具基督教和儒家品德的学人”，“博古通今，学贯中西”，雷老师一贯主张在广博的知识基础上，才能对人类文化有总体的了解。雷老师能以一定的哲学观点来消化史料，解释历史，而自成体系。当南开大学历史学院筹建雷海宗塑像，我踊跃捐款响应，心想若何先生仍在，以他的性情，他会包下塑像所有的费用。另一次我见到何先生性情的展露，是在南港“中研院”史语所，我与他一起在会议厅听李学勤先生讲中国古代文明，亲见何先生感动得流下眼泪。但后来他对李学勤也有一点不满，学勤先生参加夏商周断代工程，何先生觉得“断代工程”在头四年联合攻关期间，对有关中国古史年代的文献、古器物、天文等资料已全部搜集和初步检讨，事实上对过去种种主观偏颇的说法已经做了大规模的淘汰工作，例如古今中外争辩最激烈的武王克商之年，本有代表 44 种不同意见的百篇以上论说，目前只剩下《古本竹书纪年》的公元前 1027 年和夏商周断代工程所“选择”的公元前 1046 年的大“决赛”。更重要的是，近二三十年来海外和国内已有不少对中国古代天文记录较为准确的推算，足资核证《古本竹书纪年》及其他文献中所保存的若干重要历史年代之正确。他的老师雷海宗早就接受《竹书纪年》的正确，反对董作宾提出的武王伐纣在公元前 1011 年之说，认为应该是公元前 1027 年。后来瑞典汉学家高本汉也说武王伐纣是公元前 1027 年，因此世界汉学界就把公元前 1027 年说成是高本汉年，但何先生说雷老师早在 20 年前就已经说了，应该命名为雷海宗年。他认为李学勤没有必要再定一个未必精确的新年代，这也可以看到何先生实事求是的论学真性情。然而余英时却说夏商周断代工程要延长中国历史，是像希特勒一样想搞历史神话。事实上，这个工程并没将周朝开国的年代推前，反而推后了，更何况因碳 12 测定法受到质疑，正式报告并未提出，所以仍以竹书纪年的年代为准。余氏乱抛帽子，恶毒地栽赃，不仅作践学术，更可说是其心可诛了。

何先生晚年住在美国南加州的尔湾，我父母也住在尔湾，我到尔湾省亲，都有机会与何先生相处。我去看他，聊天后去吃馆子，多半由他开车，他虽年迈，开上快车道，毫不犹疑，飞驰而去。有一次他请我夫妇到他家，他亲自到室外烤鸡请客。他对饮食非常讲究，甚至挑剔，绝对是大美食家，他说烤鸡是他的绝活，很少以此飨客，果然鲜美。当时何师母也在座，大家餐叙甚欢。及至 2006 年初，何师母过世，何先生家居感到不便，幸有长子、次子同住，来信谓生活尚可，仍然积极参与学术活动，不惮长途飞行。他于 2008 年 5 月飞往中国大陆，走访故乡金华，于 5 月 15 日出席“何氏三杰陈列馆”的开幕式。何先生藏书不多，但收藏不少名画与古器物，都捐给了陈列馆。那本精美的日文版《明清社会史论》在我处，他嘱我寄去陈列。事后他从大陆到台北，作史语所成立80周年的讲座，他特别邀请“李敖先生光临评正”。我和李敖准时前往史语所会议室听讲。李敖出现，不少人紧张了一阵，以为是来找麻烦的，不知他是来捧场的，敖之乖乖听讲，一语未发。到了2009年，何先生已经九十二岁，感到家中内外诸事都不容易解决，他于11月5日来信说，儿子外出，他一人在家，“昨晨浓雾之中还须亲自驶车赴Fountain Valley做全心脏的scan和照相，幸而尚称顺利”！

何先生的名著《明清社会史论》的中译颇费周章，最初大陆学者李海峰有意要翻译，知难而退，我告诉何先生徐泓已译数章，泓兄专治明清社会史，最为理想。但泓兄忙于行政工作，进度甚慢。何先生到2010年才开始审阅译稿，他深憾英文的短语、成语、介词，以及俏皮语，无法用中文表达。他于2011年岁末写信给我说，写中译本序文，感到“非常费心思，从中文华语观点，我五十年来似皆过着聋哑的生活，所以同音（字）、错（别）字，不时会不自觉（出现），文词也欠流利，望你特加注意，不时改进。我这序真正的用心在说明（并不是太明显的说明），一生治史，唯于此书中，最重社会科学理论，此书完成后，几年之内，我对社会科学理论即发生反感，因它太空、太阔，而资料照例不见不查”，所以他“退休后的二十年里，越来越致力于想超越前人的艰苦考证。在这意义之下，未曾一日不系带‘汉学’的护身符。回想起来，这部《明清社会史论》实是个人学史的分水岭”。

到2011年的夏天，何先生因肠胃不适，又不慎跌了一跤，因而动了大手术，两度住院，身体大不如前。2012年3月23日来信说，“病中赶稿，身心俱不愉快”，此即他生前的最后一篇文章，原是旧文新写，增补了大概10页文字，讲司马谈、司马迁父子与老子年代的关系。时至5月，他在病榻上用手写稿，并叫儿子何可约扫描后传给我，同时另外附了一封信，让我帮他整理润色；还说“你是不是答应？除了你没有第二个人可以帮我做这个事”。我很快整理了出来，用Email传过去。他看了很满意，只发现一个错字，可约传言说“家父很感谢你帮助他准备稿件”（My father much appreciated you preparation of his draft），还说病床上的父亲很想跟我通电话，但说以他的目前情况，可能很难办到。可约在美国出生，能说流利的汉语，但自称不能读写中文，只能用英文。我当时正要于5月22日前往南开大学参加纪念雷海宗的学术讨论会，何先生在病榻上要可约传话，要我代为致意。后来南开历史学院要为雷海宗塑像，需款20万元人民币，我为何炳棣先生的恩师捐了2万元人民币。

何先生素重养生，身体一直健朗，曾开给我许多补品名称，何汉威说他也收到何先生开的补方，足见他很关心后辈的健康。2011年11月12日他来信说，“中研院”突然通知例行的评议会“假投票”改为前所未有的全体院士将于明年2月中旬“假投票”，他无法在2月出席，“百思不解”何以在7月院士会议前有此一举。但他考虑于2012年4至7月访台四个月。他于3月14日、23日两度来信告知我，他已决定要出席7月间的院士会议，并为纪念故院长王世杰作主题演讲，信中说：“此项工作除你之外，无人可托，请荣祖劳心，从头到尾，打好（字）审阅，然后转致中院，不知你是否愿意为我服一大劳？”我当然义不容辞，他还提醒说：“李敖一定要来，并多发言，最为欣幸!”但他不久病倒，根本无法参加院士会议，并不得不取消“中研院”的最高规格的讲座，遗憾之至。

何先生晚年觉得无人可谈，颇感寂寞，我成为他的“忘年交”，他对我期许有加，但也不免有些失望。日子久了，我们无话不谈，才知何先生会算八字，他自己的八字好得不得了，可与苏东坡相比。大学者的八字都极好，似非偶然。此非迷信，而是展现他的自信与使命感。何先生抱负极大，他的勤奋与成就确实使他不作第二人想，我曾为文说“他可以说是在美国最有成就的中国史家”(arguably the most accomplished Chinese historian in America)，但他认为“arguably”是对“最”的怀疑。何先生直率、自信、不稍假借，且好恶形之于色，以至于有坏脾气，容易得罪人。何先生曾对我说过，胡適曾说他自己从不给人看一张难看的脸，但何先生说，他就是管不住自己难看的脸。但是他并不很欣赏胡適的言行，他于50年代与胡適过从颇多，1958年初次访台，就住在当时胡適的新居(今胡適纪念馆)。胡很看重何，何虽敬重胡，但近距离观察，何先生直言不讳，看到胡的缺点：主要是胡的虚伪，胡对不喜欢的访客，仍然笑脸相迎。胡又私下对何说："陈寅恪只是记性好。"其实胡在日记里也说陈虽博学，只是文章写得不好。胡下视毛泽东的《沁园春·雪》，何先生甚不以为然，当面与之辩论，并将毛泽东词译为英文。何先生抱怨胡適治史不重视社会科学，唐德刚有同样的看法。何炳棣对胡適的定论是："我对胡先生景仰之处决不是他的史学，而是他在整个20世纪中国的历史地位。"换言之，胡適的重要不在学问，而在于提倡新文化运动的地位。即使此一地位，我觉得有功也有过。

何炳棣先生毕生在北美教研，以英文著述，极其自然。他所出版的专书与发表在顶级学术期刊的论文，无论以议题的重要，内容的充实，还是考释的细致与创见之多而言，在西方中国史学界，很少有人可以比肩，绝对是第一流的。据我所知，他在北美只佩服萧公权先生一人，但萧先生许其学而不喜其人。其实，喜其人者，并不很多，因他望之俨然，能体会到即之也温的人极少，而听其声也厉者却颇多，故甚不得人缘。然而他仍然当选为美国亚洲学会的会长，是数千名会员一票一票选出来的，由于其扎实的学术成就，而非个人的好恶。不过，学界的圈子毕竟不大，中国史在西方史学界又只占边缘位置，再有成就，声名仅在小圈子内。何先生退休后开始用中文写作，才觉察到他在华语世界里的“孤寂”，若非他的自传《读史阅世六十年》的出版，述及其学行，大陆读者更不知其人其学。关于明清人口与社会的两部史论，近年才有中文译本出版，因内容专业，语文转译有隔，非一般读者能够欣赏。何先生与我交谈时，对余英时在海峡两岸声誉之隆，很不服气。事由是余英时虽像何炳棣一样毕生在美国教书，但余氏的大量著作几乎都是用中文写，并在海峡两岸出版与流通。余氏有不少学术文章甚至在中文报纸上发表，俗名虽高，不免浮滥。例如列入院士系列丛书的《重寻胡适历程》一书，既无突破性的高论，内容又单薄，甚且草率，我曾写书评难之，也有别人指出余氏在书中将1932年的“一·二八”淞沪战役与1937年的“八一三”淞沪事变，混为一谈，写作也不符严肃的学术规格，更不可原谅的是两篇相同的文章，一简一繁，居然照单全收，岂不有负院士的名声？

何、余两先生在学问上完全是道不同不相为谋的，记得在2000年的夏天，余氏在南港史语所演讲，何先生和我也去听讲，我看到何先生就坐在余先生的正对面，凝神听讲。余先生讲了大约一小时。当主持人开放听众提问，何先生立即举手提问说：“你研究宋明理学，请你用一分钟的时间告诉我，那是什么东西？”余先生未料到此一大哉问，一时不知如何回答，过了一会儿说，此问很复杂，一分钟无法回答。我看到余先生有点紧张，手在桌上尚有点颤抖，而何先生仍静待回答，大师对话的场面居然如此尴尬，最后会议主持人不再继续要求提问，宣布散会，满堂听讲者无不失望。何先生常跟我谈起，说余先生做学问很圆滑，做了结论又不断加以“qualify”（修正）。他说做思想史，如果没有在制度史上下过功夫，终难脚踏实地。何先生对当今新儒家的“美化”或“净化”儒家思想，甚表不满。曾于2004年1月8日来信说：“班固谓司马迁不虚美、不隐恶，故谓之实录，不虚美易，不隐恶难，胸中多少棒子要迎头打去，不还是情面上不好真打吗？”他确曾想有系统评论余氏的书与文，终未能于生前完成。

余英时于2006年荣获美国国会图书馆的“克鲁格奖”（Kluge Prize），轰动华语世界。此奖号称是文史哲的诺贝尔奖，余氏遂被誉为当代最伟大的中国史家。何炳棣先生知道后，于这一年的 11 月 26 日惠函说：“得悉余英时近获美国国会图书馆主持的克鲁格奖，初甚惊异，静思之后，觉其背景或非完全是纯学术的。先就同时获奖人 John Hope Franklin 推想，渠确系黑人史家中之佼佼者，于 1962 年 3 月与我同年被聘为芝大史系教授（共三人，至今我尚保存 McNeill 为我们三人在芝大校刊中的撰文介绍）。F 氏在 60 年代末 70 年代初曾任系主任共两届，确是当时在美内政上红得发紫的人物。但麦氏与我交深，无话不谈，对黑人史、美国南方史，一向是看不太起的。回到余某，不要忘，他自 80 年代初（按应是末）起即在美东私下募款（我当时 6th sense 中即感到他可能直接间接与 CIA 有关），主筹《当代中国研究》，事实上并且接济大陆逃到美的学人。余的反共、媚蒋、媚李、媚陈及其他‘台独’人士，忘却祖宗坟墓之所在，等等，不可胜数。我深深怀疑此奖（至少就他这次的奖而言），大都是政治性的。这就不足太惊异了。文章千古事，今后举世自有公论。”他又说，“最不可解者，何以美方能克服语文 barrier（障碍）认其中文中史著作。余（氏）在 1993 年竞选 AAS 副会长，败于罗友枝（Evelyn Rawski）之手，正是因为缺乏英文著作”。

美国国会图书馆的克鲁格奖由富豪约翰·克鲁格（John Kluge）所捐赠，此公 1914 年出生在德国，移民美国，经商致富，今美国极右派的福克斯电视台的金主，就是克鲁格。克氏捐款极为慷慨，他乘国会图书馆成立 200 周年之际，捐了罕见的六千万美元在国会图书馆成立克鲁格中心，每年出一百万美元作为人文学者的终身成就奖。因诺贝尔人文学科奖只有文学奖与经济学奖，所以此奖授予历史、哲学、政治、人类学、社会学、宗教、文艺批评以及人文学学者。奖金之丰可比诺贝尔奖，不过，声望远不能与诺贝尔奖相提并论。前两年都是一人独得百万，而 2006 年余英时与佛兰克林各得百万之半。佛氏是何先生芝大史系同事，其所治领域虽非主流，但其为黑裔精英，“人”以稀为贵，曾任美国历史学会会长，麦可尼尔为芝大历史系近代史权威学者，所言颇可玩味。余英时因缺乏英文著作，连亚洲学会的会长都未能当上，有鉴于候选名单最后六名尚有许倬云，要以亚裔搭配黑裔之意，呼之欲出。此次亚裔能够出线与国会图书馆中文部李华伟与居蜜等运作有关，决定授奖的关键人物图书馆馆长毕林顿（James H.Billington）是著名的美国史学者，全不识中文，他宣称余氏三十本中文书涵盖二千年，学问涵盖自古至今的中国历史，显然由图书馆内的华裔同仁提供。何先生怀疑余氏得奖有政治因素，绝非空穴来风。为授奖盛会精印的手册介绍余先生，特别提到余氏同情中国大陆的“民运”，在北京政治风波后，帮助流亡在美的青年“民运”成员。我于1989年参加在华府举行的全美亚洲学会，亲见余先生与刘宾雁等过从甚密，甚至准备接班。余氏募得百万巨款也见诸报端，明说是犹太富豪所捐，疑出自美国或中国台湾的情报机构。更有趣的是，余氏于得奖后讲话，说他从不想中国会崛起，讥嘲中国经济发展是“暴发户”，更不认为下世纪是属于中国的。何先生怀疑余氏与CIA有关系，也非无据，他为“亚洲电台”“美国之音”发表反华言论，能不成为CIA的政治工具，为反共、反华服务？余氏诚心要当美国人，连他的老师钱穆都对他的学生何佑森说，余英时不是中国人而是美国人，不是仅指他入籍而已，他因反共而不愿踏上祖国土地，而仅有的一次是美国人要他带队去的，他不得不去。余氏以坚如磐石的反共立场闻名于世，主观认定共产党政权必定垮台，呼应美国鹰派的“中国崩溃论”。到了 2013 年，中国已是世界第二大经济体，余英时仍于接受北美《世界日报》访问时说：“我不认为中国真正崛起了。”呼应毫无可信的美国极右派的言论。何先生曾痛骂余先生根本是“汉奸”，龚忠武骂他的余老师是“买办学者”，都极严厉，皆事出有因。令人遗憾的是，他完全无视中国百年来的富强之梦，终于在中共领导下得以实现，有识之士已见中国的崛起不可阻挡，而他极不愿意承认，认为是他坚持的“价值”。他在美国反共，政治十分正确，算不上“风骨”，却因反共而不惜曲学，将中国的政治传统视为“反智论”（anti-intellectualism），道家、法家都是“反智论”，儒家则是法家化，而中共政权则来自儒家的法家化，以求落实今日中国是反智的专制政权。如此曲学阿世，连他的老师钱穆也看不下去，感到悲愤。反观何炳棣在美国坚持民族立场，政治不正确，反见风骨。余氏以反共为荣也就罢了，但他更因反共而反华。当李登辉露出分离主义态势，台海在 1996 年发生飞弹危机，余英时在报章上大肆抨击中国民族主义，定性为“攻击性的民族主义”，甚至将之比作希特勒的纳粹主义，岂非何先生所谓的“媚李”？更不可思议的是，他竟然说：“‘中国’这两个字究竟有什么样的具体内容，恐怕今天谁也说不清楚。”他在美国教中国史，居然不清楚‘中国’两字的内容，何等荒谬？无非在扰乱视听，达到政治目的。余氏虽对“政治”两字很敏感，但言行无不“政治”，他“政治”到使李登辉想要让他当大官。他是“台独教父”李登辉的好朋友，牧师张伯笠曾提到，余英时到台湾就打电话给台湾当局领导人办公室，李登辉随时邀余一起吃午餐。他极力支持台湾的“太阳花”运动，认为是“个很了不得的活动”，声援香港的“反送中”，漠视外国势力的介入。他对一群访客公然说：“‘台独’未尝不可！”还要杠上开花说，某些地区独立，也“是有道理的”，还不够反华“媚独”吗？更可怪者，中国大陆也有知名人士仰慕余英时，为其妄称“我在哪里，中国就在哪里”而感动，且不论这句话原是拾洋人牙慧，余英时的国籍是美国，且以当美国人为荣，更想要为美国改变中国。所谓余某即神州，难道要把神州倾心相授乎？

余英时崇拜胡適，想要以自由主义代言人自居，但又不甚到家。他居然认为英国殖民统治给香港带来民主与自由！诚如著名心理学家黄光国教授所说，余英时有意忽视西方自由主义的“异化”，漠视美国以民主自由为名，到处推动“颜色革命”酿成灾难，陷入西方理论的陷阱，不自觉地“自我思想殖民”。余英时反对专制，却对蒋氏父子敬礼有加。蒋介石卒于1975年4月5日，余英时即于5月1日为台北《联合报》撰写《敬悼蒋总统过世》的文章，赞美老蒋“坚苦卓绝”领导的历史功勋，歌颂他是民族主义者和爱国者，认为在中国近代政治领袖中，“只有蒋介石和孙文是尊重知识分子的，而蒋介石容忍反对言论的尺度是很宽阔的”。胡適之会说出这种“媚蒋”之言吗？而何炳棣因批评蒋政权，以至于多年不能入台参与学术会议。余英时不仅赞美老蒋，也敬畏小蒋。余英时应台北《中国时报》之邀，于1982年的7月到宜兰栖兰山庄开学术会议，当时台风来袭，山路不通，但因蒋经国相招，余英时迫不及待，遂由警察驾摩托车冒险载余先生下山赴会，翌日报载此事，很多人引为美谈，但李敖听到后笑说：“君命召，不俟驾。”看来余氏的“道统”在蒋氏“政统”之下，台风夜舍命赴约，何等勇气？事情还未了，多年后华大学弟卢建荣博士提及此事说，台风夜的山里哪来警察？驾摩托车的是当时在《中国时报》服务的王汎森，卢与王曾是好友，也坐过载余英时的摩托车，故以此佳话相告。余、王自此结下师生缘，王远赴普林斯顿大学跟余读博，并追随乃师，成为“中研院”最年轻的院士。这则“美谈”可入《儒林外史》，五百年后仍将轶闻挂人喙。我在尔湾与何先生谈起此事，见到他极其不屑的眼光。何、余并无什么瑜亮情结，更不是门户之见，何先生孤家寡人，根本没有门户可言。余先生倒是门下成群，“粉丝”遍地，他与胡適一样，深得“交友以自大其身，求士以求此身之不朽”的妙用。余先生在美国名校教中国史，收了海峡两岸暨香港、澳门不少弟子，受到华语世界无数人的追捧，何先生应感到孤傲不群的代价，但他并不为意，既少交友，更不求士，以至于只靠自己发光，无人大其身，身后唯有靠其留下的著作以求不朽，自信名山之业，可以留待千秋。

何炳棣也曾利用西方理论，但终于觉得西方理论之不足取，故而回到传统训诂考据，穷搜史料而又不为史料所限，力求解释精确，以便探骊得珠，庶几超越前贤。余英时喜用西方理论，往往凭虚御空，难以落实，类多失当，甚至谬误。例如他套用韦伯新教伦理与资本主义的关系，来解释儒家伦理如何影响“四小龙”的经济起飞，何先生斥为无稽。又如余氏以泰西“两分法”，将尊德性与道问学一分为二，谓清中叶知识主义的兴起，由于儒学自尊德性转入道问学之故，不悟道问学与尊德性为一体的两面，犹如阴阳之互动而不可分割。余氏又借泰西狐狸与刺猬之譬，狐狸喻博雅之士，刺猬喻专精之士，说是戴震为“狐首”而以刺猬自许，章学诚则处狐狸之世，而抱刺猬之宗旨，虽不见赏于狐狸之世，而能自立门户，别开新境云云。以余氏之见，刺猬出现而后有新义理的伸张，知识与道德分途，也就是儒学知识主义兴起的新机运。他竟不知儒家知识与道德之不可分，学焉能不受德之“纠缠”？而吾华传统学者几皆通儒，都是狐狸，处狐狸之世，何来刺猬？岂非譬喻不伦？更可议的是，余先生将章学诚与英哲科林伍德（R. Collingwood）妄加比附。柯氏认为史唯有从思想可知，往事既逝，已是陈迹，史家重思已经泯灭的人、事，才能获致历史知识，所以说“史事为史家心中之造”( re-enactment of past experiences )，也就是史家置往事于胸，含英咀华而后成史，而余氏误以为柯氏主张历史即思想史。柯氏以史事有内外之别，内在指“思想之呈现”( what is expressed )，外在指呈现思想之“事件”( event ) ”，或“行动”( action )，内外是一体的两面，无内不能知外，不知外亦无从知内。外在的行事须自内在思想解之，方得窥全豹。余氏误内在为思想史，外在为政治史，失之远矣。柯氏视思想史、政治史，都是外在的事件，属于“剪贴史学”，若不从内在的思想去理解，无法得到真正的“历史知识”，只能说是思想之史，绝不是思想史，而盲从者无数。余氏又误解“心中之造”为“将心比心”，柯氏的意思是史家必先考信而后运之于心，以获知彼心，并不是同情古人古事，而是古人因我而重现，所以绝非将心比心、照本画符。章学诚的史意、史德、别出心裁云云，也与柯氏重演之旨风马牛不相及。章氏的史意是史事道德的内涵，史德是史家的心术，别出心裁是史家的创意。章、柯心貌都异，岂能妄加比附？余英时的最后一本书《论天人之际》，谈的是中国古代思想起源的问题，引用德国哲学家耶士培（Karl Jaspers，又译“雅斯贝斯”）的轴心论为说。耶氏的轴心论是他建构世界史的渊源与目的之一环，“轴心”是继史前与古代历史文明之后的思想突破时代，既然是世界史的架构，自然会把先秦思想纳入，将其视为东方轴心时代的产物。耶氏的世界史观点是一元的，认为世界迈向一个共同的目标。余先生接受先秦诸子是轴心时代突破的观点，引庄子“道术将为天下裂”作证，说是“天造地设的相应”，不知如何将“裂”（break）与“突破”（breakthrough）牵强在一起？其实中国思想的本土起源既无悬念，不必如何炳棣先生花大力气来证明中国文明非源自西方，而自有其东方的摇篮，自可聚焦于诸子的起源，没有必要以耶士培庞大的理论作为标榜。余氏所谓作比较文化史，未免夸大，因他并未作中西思想根源的比较，更未与耶士培的世界史观作比较研究。余先生认为“耶士培与赫尔德和汤因比基本相同”，也似是而实非。余先生以礼乐源自祭祀，巫为天人之际的中介，所以礼乐也是巫的创造，道取代巫，天人关系个人化，而有诸子内心的超越，上通于天，而有新的天人合一，完成“突破”，他更以孔子对礼乐的哲学阐释，附和耶士培所谓：“就信念和教义而言，这些道路分歧很大，但它们的共同之处在于使人超越小我而进入“己达达人”的境界。这是由于人越来越意识到自己是处于“存有的全体”之中，也意识到只能靠个人的自力走这条路。”余氏译得佶屈聱牙，此句比较简明正确的中译应作“各人的信念与教义虽然有分歧，但都感觉到人作为全体之一员而要能超越一己，始克为全体设想”（These paths are widely divergent in their conviction and dogma，but common to all of them is man's reaching out beyond himself by growing aware of himself within the whole of Being and the fact that he can tread them only as an individual on his own）。耶氏接着说：“个人的思想突破未必能普及到大众，只能间接引领大众，使得整个人文世界得以向前迈进。”先秦诸子正是能突破的个人，证明将诸子纳入耶氏轴心时代不误，但耶氏的轴心时代是其世界史进程的一个时段，何以轴心时代之后，中国史的进程并不能配合耶士培的进程，是知中国思想史更有深层的起源与发展，故而中西泾渭分明，源流不同，流向遂异。何炳棣先生在寻找中国文明起源时，认为吾华思想源流可追索到新石器时代的祖先崇拜，其宗法基因根深蒂固、源远流长，宗子辅助大君，成为森严专制的思想背景。何先生特别指出："历代以及当代学者莫不以张载《西铭》为民胞物与，天人合一的博爱精神，人生修养的高峰，但实际上《西铭》所呈现的宇宙观就是宗法模式，无非为君主专制的合法性立论。"记得何先生曾说，此宗法因子仍然存在于你我之中。何先生的此一创说，正见耶氏的西方历史进程走向与中国历史的走向，截然异趣。余先生研究思想起源，不至于看不到何先生的论点，却避而不对话、不商榷，顾左右而言耶士培，令人不解。

何炳棣先生于2007年又来台北，住南港"中研院"活动中心，我介绍李敖与何先生相识，两人在房间里一见如故，谈得十分兴奋，连洗手间都忘了去，也错过晚餐时间。餐厅都已打烊，李敖开车出门，只找到卤肉饭果腹。何、李南港一夕谈之后，意气相投，甚是相得，李敖带回何炳棣的论文，数日后写信给何先生说："今早起来，读尊作《华北原始土地耕作方式：科学、训诂互证示例》，读后赞叹深觉体大思精，此乃真正大历史，余英时、许倬云、黄仁宇之流鬼画符耳，纵张光直、李惠林、Keightley、Pearson 等游耕制者之大历史，在尊作面前，亦灰头土脸矣，佩服之至！（其实张光直等如肯认真从古代气候学上探讨，即该早知黄土之肥矣。至于尊作《从爱的起源和性质初测〈红楼梦〉在世界文学史上应有的地位》，越界渊博，自更令丁邦新之流傻眼矣。”何先生则要求近史所陈永发所长将他在史语所集刊上发表的文章寄给李敖评正。2007 年 9 月 16 日他给我来信说李敖“有史才、见解、骨气、肝胆”。有一件事更令何炳棣赏识李敖，何先生打电话给我说，他有北京友人拿不到台北的稿费，问我有何良策，我说李敖对台北出版社非常熟悉，我可请他帮忙，果然李敖一通电话，稿费立即汇出，令何老有杜月笙再世的惊叹！说李敖斗富济贫，有古侠客的义胆。

余英时虽师从钱宾四，却崇拜胡适之，然而钱、胡学思绝异，余虽爱钱师，却更爱胡适！师弟分道势所必然，当余氏发表《反智论与中国政治传统》，指“中国的政治传统中一向弥漫着一层反智的气氛”，究其根源就是中国的帝王专制政治，钱穆看到后写《帝王与士人》一文驳之，指出国史的典章与制度，在在证明道统高于政统，为“必欲鄙斥中国传统政治者作一参考”，所说鄙斥中国传统政治者为谁？呼之欲出矣，实不待钱氏同门告知也。余英时袭用西方“反智论”（anti-intellectualism），取集权政府镇压政治异议分子之意，以“帝王专制”借古讽今。徐泓教授觉察到余英时的“反智论”使不少人以为要反专制，就必须要反中国。据泓兄所知，钱老师因“反智论”而与余英时分道扬镳。钱穆极重朱熹，视为圣人，著有《朱子新学案》，钱先生过世后，余英时出版《朱熹的历史世界》，台北的东吴大学于 2002 年开会讨论此书，特请余先生现身说法，他居然当众宣称钱老师把朱子当圣人，他则从小人来看朱熹，钱穆若地下有知，情何以堪！

余生刚过不惑之年就入台湾的院士俱乐部，而钱师年越古稀，犹不得其门而入，不见得是青出于蓝而胜于蓝，而是出于人事因素。钱穆终于以高龄入选，据何先生说，他尽了关键性的努力。

何先生年登八旬，精力尤旺，驳斥美国新清史否定汉化之说。罗友枝当选美国亚洲学会的会长之后，在就职演说挑战何先生清朝汉化之说，何先生在《亚洲学报》上作了强而有力的反驳，除了抗议罗女模糊又曲解其原文外，以最宏观的视野维护了汉化说。出乎意料的是罗女决定不予回复，有违美国学界的惯例。何先生来信说，她“决定不曲答，是承认已被我文 TKO，无能力曲答也”。后来听说不回答因顾虑何先生年老体衰之故，太可笑了，不晤何先生当年能写虎虎有生气的长篇驳文，老当益壮。反而有些汉人挺身而出为洋人帮腔，情愿授历史解释权之柄予人，真可以为之浩叹。

何先生因夜间起床饮水不慎，水误入气管，导致身体不适而送医。他在医院接受治疗时，因受感染而病况渐重，曾传言要与我通长途电话未果，突然于2012年美国西部时间6月7日晚间9时，病逝于美国加州，享年九十五岁。我有悼诗曰：“忽报文星落远天，伤心尚有未成篇；著书久已惊中外，阅世从来法圣贤；伯氏遗风多有愧，程门立雪苦无缘；儒林此后凋零甚，我独临风泣逝川。”之后我参加了“中央研究院”于2012年6月29日周五下午2时在人文社会研究中心举行的追思会。何先生不易与人相处而与我相处甚欢，视我为无话不谈的后辈，最令我感念不已。

# 第九章　魂牵史学

犹忆进大学之前，就对历史发生浓厚的兴趣，在中学时曾一知半解读过家藏的《史记菁华录》，这三册线装书至今已经有点脱线，仍然置于手边，时而观览。我考进台湾大学历史系之后，才进入史学的堂奥。当年讲授中国史学史的是李宗侗先生，教西洋史学史的是张贵永先生，教史学方法的是姚从吾先生，我都选习了他们的课程。李先生按照他已出版的《中国史学史》讲，张先生留德，是柏林大学博士，根据一本洋书照本宣科，并介绍一些我们看不懂的德文书。姚先生讲史学方法，只讲德国语文实证派的尼布尔与兰克，发讲义只发单数页或偶数页，据说他怕别人拿他的讲义出去发表。他讲课全靠讲义，有一天他忘了带讲义，就无法上课，离教室而去。李敖做过他的助手，说姚老师比较笨，读书像狗熊到园子里捡玉蜀黍，取一根丢一根，忙了半天，也只有腋下两根！跟他学元史的萧启庆，透露姚老师未能读完元史。不过，姚老师非常用功，最后死在研究室里，有点像战士死在沙场上。

我到美国留学，硕士班入学口试时，有一题问到美国史家特纳（Frederick Jackson Turner），我居然一无所知，三位老师都觉得很奇怪，原来特纳是美国史学界响当当的大人物，安能不知？特纳的边疆理论是美国人最引以为傲的，认为美国的边疆经验改造了西方文明，展现了美国的特殊性。张贵永教我们西洋史学史，几皆欧洲史家，徐子明先生虽看重美国史家莫特雷，但年轻一辈的美国学者已经觉得过时了，哪能与特纳相提并论？我自此注意美国史家，也是我对史学史产生浓厚兴趣的开始。我发现史家对史学的看法很不相同，英国史家阿克顿勋爵（Lord Acton）认为“方法而不是天才、文采，或博学养成史家”（Method, not genius, or elegance, or erudition makes the historians）。然而德国史家蒙森（Theodor Mommsen）则以为“史家不是训练出来的，而是天生的，不是教育出来的，而是自己教出来的”( Historian is not trained, but born; not educated, but self-educated )。这两种说法的支持者，各执一词，天才固然重要，但是不世出，不可能有太多的史家比肩蒙森的才华。方法也非常重要，那是前人经验的结晶，吸收了前人的经验，虽有事半功倍之效，但若无才学，犹如有钢筋而无水泥。英国史家埃尔顿（G. R. Elton）因而提出折中的说法：“好的历史学家可能是天生的，真正的史家还是训练出来的（Good historians may be born, but true historians are made )。他所谓真正的史家，就是科班出身的历史学家，用现代的话来说，就是以教历史、研究历史为生的“职业历史家”( professional historians )。

西方自古希腊以来，“逻各斯中心论”( logocentrism ）的盛行形成举世“理论霸权”( hegemony of theory )，歧视异文化。欧洲自公元 1500 年文艺复兴到公元 1800 年，突飞猛进，领先世界，现代自然科学就产生在欧洲，唯此一家，别无分店，即使是哲学、文学、艺术，也都以西方为尊，余皆不足道也。所以学术就是西学，西学之外别无可观的学术。例如说哲学唯泰西有之，哲学史就是西洋哲学史。只有英哲罗素例外，写了一本《西洋哲学史》，表示西洋之外，别有哲学史。我们经常视先秦诸子为哲学，但西方学者多不认可。我曾亲历一场中国有否哲学的辩论会，夏威夷大学成中英教授急中生智，以罗素来辩解。没想到胡適亦不敢说自家有哲学，所以将他的《中国哲学史大纲》改名为《中国古代思想史》。兼通中西哲学的金岳霖就很不以为然，他说哲学是言之成理的成见，思想者的成见有其选择，而选择基于性情与情境，由文化背景使然。先秦诸子虽然缺少欧陆的逻各斯与认识论意识，自然有他的特色，如庄周的哲学，出自赏心悦目的寓言、诗意盎然的散文，宣扬崇高的人生理想，足与西哲相颉颃。金岳霖又说：胡適的《中国哲学史大纲》固然有其主张，然而胡氏的主张不自觉而流露出美国人的成见。其实史学也不例外，西方主流史家认为史学思想是西方现代文明的产物，说“直到现在，西方人可以忽略东方历史，而无损于对史学的正确理解；然而有知识的东方人，却不能无视西方，特别是欧洲的历史”。当代英国史学名家埃尔顿直言：“历史意识”乃西方所独有，故史学史必须追溯到希腊与犹太之根，无论印度或中国皆属“忤史”（a-historical）。在许多欧美史家眼里，中国传统史学只是儒家的道德工具，利用史官掌控历史书写，以劝善瘅恶与服务政治为目的，所以无法独立成学，无从产生史学意识。他们认为“西方文明才能产生与发展真正的史学”，又认为“其他民族如印度、中国、波斯、日本的可靠历史却都是西方人写的”。英国史家普勒姆（J. H. Plumb）断言司马迁的《史记》“是讲道德多于述史”，因而指中国史学中没有“历史批判”。即使是著名的法国汉学家白乐日（Ėtienne Balazs）居然也把传统中国史学视为“官僚写历史给其他官僚看的”。还有更极端的说法，如丹斯（E. H. Dance）所谓“中国既不知历史为历史，也不知真实为真实的道理”。所以西方的历史系自“二战”以来，以欧美史的课程最多，亚、非、拉仅一两门课，搭配而已。著名的哈佛大学的历史系不教中国历史，而将中国史开在东亚文明系里面，其设计的意图可想而知。我在美国州立大学历史系执教时，就觉得历史教学有失平衡，曾提出说：英、法诸国的重要性已远不如中国与苏联，英国史的课程尤其偏多，同事们觉得有理，但因牵涉到人事与资源，以及欧美同文，英美血浓于水，欲改成规，谈何容易？

西方史学家漠视中国传统史学，显然是昧于中国学问而产生的偏见。但是在西潮冲击之下，鄙视传统史学的国人也所在多见，即以梁启超之贤，也指国史为“不过记述人间一二有权力者兴亡隆替之事，虽名为史，实不过一人一家之谱牒”，拥抱“必探察人间全体之运动进步，即国民全部之经历及其相互之关系”的新史学，他所谓的新史学就是西洋现代史学，主张以西洋的国民史取代传统的“帝王家谱”。他自称这是史学革命，所谓“史界革命不起，则吾国遂不可救”。梁氏之见非仅其一人，当时认为中国传统史学不过是“一姓之家谱”，是“一大相砍书”者，大有人在，如谭嗣同、徐仁铸、邓实、马叙伦、汪荣宝、曾鲲化诸家都想要搞史学革命，要“打破数千年腐败混杂之历史范围”，要以西方资产阶级理论和方法，为中国未来开“新史学之先河”。夏曾佑 1904 年开始写的《中国古代史》，意在“记载民智进化的过程”，所标志的也是要革旧史之命，弃旧纳新。五四新文化运动之后，胡适力倡全盘西化，附和洋人谬说："中国止有史料，无数史料，而无有史学。"甚至在《胡適日记》里说"中国今日无一个史学家"，认为中国史家没有解释历史的能力！民国几经动乱与日寇入侵之后，生灵涂炭，山河破碎，旧学更趋凋零，复经"文革"破旧，几千年的固有文化衰微殆尽。史学无论在教学上、研究方法上、书写方式上，莫不一意西化，以西方现代史学为"科学"，告别"不科学"的传统史学。无可讳言，今日中国的史学不是传统的翻新，而是直接采用西法，以西法是从，彼邦学理为遵，不自觉以他人的"成见"为我之成见，授历史解释权之柄与人矣！

我深切感到我们面对西方文化冲击时，没有细察自然科学与人文学科的区别，自然科学产生在欧洲，可以在任何有理性之地成长，放诸四海而皆准，中国自可照搬，移植而茁壮。但人文学科各有不同的历史经验、文化背景，各有其传承、问题意识，价值依据。西方各国的史家，各有主见而不随人起舞，即其所谓的"主体性"（subjectivity），决不以他者之主体为主体，更不允许异文化喧宾夺主。然而东方国家震慑于西方近代文明的昌盛，不自觉而盲目从风，自失“主体性”，将史权轻易拱手相让，落入萨义德（Edward Said）所谓 的“东方主义”（Orientalism）的陷阱，何异国魄沦丧！

中国数千年的史学传统真的不如西方史学而必须从善如流吗？史贵真实，或谓中国历史出自史官之手，史官受雇于政府，焉能客观？皇权威迫史官有之，史官因直书而致祸亦有之，然而历朝设立史官，意在鉴往知来以冀朝代的永续，以往事为戒而有益于治道。如果记载不实，就会失去实用的价值；有意作伪或曲解，更得不到所求的历史教训。所以君王也多知道史书关系重大，必须据实才能传信。不畏权势的史官事迹被传为美谈，希风承旨的史官则有秽史之惧，恐被引以为耻。然则史官所书虽未必尽信，但受制于实用与道德的约束，虽不能做到“尽而不污”，至少能做到“直未必尽”。西方史书多出自私家之手，未尝没有偏私，而私家史料不如史官，也不可能做到“尽而不污”。史学求真唯有尽史家之能事，“直未必尽”的现实，中西并无不同。

有谓中国传统史家皆“儒家史观”，以道德褒贬人事，犯了“道德之谬误”（the moralistic fallacy），此说既不公正也不正义。其实褒贬不能任意为之，有其准则，亦即当时公认的道德规范，如逾越规范，即失去褒贬的意义与效果，所谓“褒其所不待褒，而君子不以为荣；贬其所不胜贬，而奸邪顾以为笑”！西洋史学也有道德示范的传统，不乏史例，如西塞罗（Cicero）所说“历史教人如何生活”（Historia vitae magistra），修昔底德的《伯罗奔尼撒战争史》（*History of the Peloponnesian War*）与马基雅弗利（Niccolò Machiavelli）的《佛罗伦萨史》（*History of Florence*），虽不主张执政者用德，却主张执政者用智，都是属于以史为鉴之作。英国著名史家阿克顿勋爵（Lord Acton）更说：“意见与态度会变，学说也有兴衰，但是道德规范却是永久的。”时至近代，兰克仍然认为历史可为今人提供德行与智能效法的榜样。史家有其道德意识，岂可抹煞？更不能以此否定传统史学。

泰西尊兰克为“近代史学之父”，其史学方法不以今情论古事，而以档案为重，语文考证为要，条例内外考证详尽。有人遂认为兰克语文考证优于乾嘉考据，不悟吾华考据之学，源远流长，训诂长技源自汉学治经之法，汉学家治经素重文字训诂，从文字学入手，校勘文字，辨音读，阐释字句，辨伪纠谬，考定版本，究明典制名物，洞察事迹，考证天文、地理、职官，不取主观武断，忌惮肆意发明经义。吾华先贤考据的精深，譬如绣花针的细密，何逊色于兰克的实证史学？兰克以档案辨真伪，而疑古辨伪亦中华传统史学之所擅长。而民国疑古史家奉泰西信史之说，以吾华古史不可信，直至晚近才“走出疑古时代”。中华传统史家何尝不知无征不信，有征未必尽信，文献不足征则阙文的义谛。

至于说传统中国只有史料而无史学，更是无知妄言。8世纪刘知幾的《史通》一书，辨别史学源流，明白指归，勘定得失，已经具有“史学史”的性质，而西方到近代才有同性质的书。宋人黄山谷曾说：“论文则《文心雕龙》，评史则《史通》，二书不可不观。”二刘的文体有齐梁遗风，而内容各具理论。《文心雕龙》固然论文，亦有《史传》一篇，已发《史通》的先声，足称史学史的滥觞。吾意《史传》一篇，虽极精简，实已包罗史学的要义，有待开展蕴意，故而将其要义分为载籍、记事记言、彰善瘅恶、春秋、左传、战国策、太史公、传记、班固、后汉诸史、陈寿、晋代之书、百氏千载、盛衰、石室金匮、铨评、总会、铨配、信史、记编同时、素心、直笔、贯通、史任，共计24题，书名《史传通说》，发中西蕴意的异同，随心赓扬，折中求是。书法则效钱著《管锥编》；钱氏论文，亦兼论史。钱先生上承旧学，而不受旧学所限，博通西学而自有主见，能借邻壁之光，照耀吾家。钱先生更能以古文说理析事而能明鬯雅令，即使是泰西玄理，亦能以古文表达无碍，故能独抒卓见，一扫鄙薄传统、倾慕西化之风，可为后学楷模，始能开吾华现代学术的新境。这就是我"从钱"的重点所在。

我的第二本史学书是九篇论文的合集，额之曰《史学九章》，从九个不同的角度看史学的内涵与本质。我受到徐了明先生的影响，特别爱读18世纪英国史家吉本（Edward Gibbon）的《罗马帝国衰亡史》。此书因叙事精彩，足见叙事乃史学的根本，益知史以文传的义谛。我从早年文星书店出的三卷翻印版，到近年的新制原版八卷本，收集了此书不下五种版本。德国史家兰克是西方的现代史学之父，他大开档案研究风气，立下原手资料、文献考订、精确叙事、客观求真等基本原则。兰克著作等身，内容主要是欧洲史，久无汉译，中国读者极少，但其史学方法经由班汉穆的踵事增华，影响深远，中国现代史学也不例外。然也有误解，以为兰克要把史学科学化，忽略了兰克仍一本古罗马史家塔西佗（Tacitus）以来的叙事传统。英国史家汤因比（Arnold Toynbee）是20世纪最负盛名的史家，他的十二卷本《历史研究》虽名重一时，但与当代史学界的主流派背道而驰，他从事的是历史哲学，而自以为可以作历史科学化的另类尝试，其结果宛如花开花落，终于凋零。我在检视他所写中国文明部分，有不少谬误与难以成立之处。法国史家布罗代尔（Fernand Braudel）以《地中海与菲利普二世时代的地中海世界》一书闻名于世，当英译本出版后，在美国也引起轰动，我首先将这一学派介绍给中文读者，我译的"安娜学派"（Annales）是音译，后来通行的译名为"年鉴学派"，此译不悟年鉴乃此派最藐视的史体。此派于20世纪后半期，异军突起，成为西方极具影响力的史学流派。布罗代尔的著作与史学思想，很可以反映此一历史学派的研究方法与主要内容。我有鉴于西方史家视中国传统史学为

“儒家史学”而轻之，写了一篇西方史家如何理解与误解中国传统史学。我也看到历史素重中央史观，受到西方的影响，更重视地方史研究，自可扩大史学眼界。若将中央史与地方史一分为二，甚且褒地方史而贬中央史，并不可取，两者应可相辅相成，如何将中央史与地方史重新整合，很有讨论的必要。中国史学在西潮影响下进入现代，除了梁启超提倡新史学外，章太炎也是先驱人物，却受到较少的注意。太炎虽不可能知道兰克的著作，但很可能从日文受到兰克史学方法的启迪，因而对旧史有所批评，并主张以可靠的史料重写国史。在章、梁的先导下，疑古与整理国故蔚然成风，中国现代史学一直在追寻客观信史的高贵梦想，想以档案数据与考据方法，编排史料，重建客观而真实的历史。美其名曰让史料自己说话，或利用社会科学理论和方法来处理史料，然仍不免以论带史，以偏概全，形成中国史学在现代转折中出现的所谓史料与史观两大学派。其实两者乃是史学不可分的一体两面，岂能一分为二？钱穆虽是章太炎的晚辈，但他的史学几乎看不到一点外国的影响，我曾问撰写《新史学九十年》一书的许冠三，为什么他的书里没有钱穆，他说钱不是新史家，但没有解释为何新时代的钱穆仍然是旧史家。钱穆毕竟是20世纪中国的著名史学家，美国网上历史书评于20世纪末，总评百年来重要史学著作，约我评估钱穆的《中国近三百年学术史》。我的英文稿已在网上发表，后应邀参加纪念钱穆的国际学术讨论会，我根据英文书评扩大写成论文，将钱著与梁启超同一书名的书作一比较，发现不少有趣的异同，收为九章之一。后现代重视文学批评与语文哲学，又提升了史学的文学性格，并使人重新感到文学才是史学的近亲，社会科学不过是近邻而已。钱锺书先生学贯中西，他具有极高的人文素养，早已洞识先机，认为历史只是史书，既往之事渺难追寻，唯残存于史书，而史书乃是文学创作的一种，但他仍肯定历史乃求真之学，真相虽不可得，仍须尽量求之，斯乃史家的天职。钱氏以文学家旁观史学，我将其所见，约为五则，推广引申其说，钱先生山外看山，更能见及庐山真面目也。

我的第三本史学书《后史辨》，已于2024年5月由北京中华书局出版。清人袁枚因质疑《尚书》而撰《金縢辨》，顾颉刚质疑中国古史而有《古史辨》，我此稿则在质疑后现代史学，故称《后史辨》。除质疑后史的极端言论外，此书正视后现代主义风潮对史学的冲击，知其源流、明其性质、检讨其后果，察其后续之影响。后现代理论无疑逼出潜在的历史知识论与历史本质等基本问题，不容忽视而宜面对。后现代理论自 80 年代以来，使史学危机到了“亡史”的地步。现代人对过去发生的事本来就愈来愈不感兴趣，历史也就愈来愈不受重视。20 世纪的史家又想把史学科学化，结果史书成为枯燥的科学报告，读起来索然无味。更严重的是，许多史家也怀疑史学求真的可能性，认为历史都有政治动机，历史上的英雄与凡人无异，不足深论。后现代主义遂乘虚而入，认为历史是真实的既往乃当今的迷思，想要颠覆实证史学，也有史家为之呼应，觉今是而昨非。后现代理论家几皆哲学家、文评家，他们挑战绝对可靠的知识，认为没有绝对的真理，即使是自然科学也带有价值观，所以应该打破旧科系，重新做科系整合，于是历史系也就没有存在的必要了。后现代理论有几个流派，新历史主义派认为人文世界只是文本世界，真实的世界永远无法获得，彻底否定了西方现代的史学方法。若谓文字的世界不是真实的世界，史家遂无重建史事的可能。结构主义派以结构来规范文化、文学、经济之类，认为个别因素有特殊性，但既在系统之中，自然而然会依规范而动。史学在结构之中，不见了时间因素，而时间因素乃历史的根本。所谓后结构主义，不是反结构主义，而是在美国因德瑞达与傅柯而兴起的结构主义。后现代理论虽然众说纷纭，其主要内涵不外包括尼采与海德格尔在内的反现代思想，也等于是反西方现代的主流思潮。聚焦于被压制的次文化，亦因而崇尚通俗文化，解构其符号，呈现其隐藏的意识形态。又有“批判理论”（critical theory），是马克思主义与后现代主义的结合，认为资本主义国家掌控与剥削过度，“公众社会”（civil society）受到压抑，社会大众成为没有思想的大群体。后殖民主义则是后现代主义的盟友，最有名的学者是萨义德，他痛批西方强权制定的真理和真相，认为三百年来的史书都是帝国主义殖民的工具。法国学者瑟图（Michel de Certeau）认为写作本身就是一种迫害，七百年来的史学乃是帝国主义压迫殖民地的工具，主张被压迫者会有出头天；写作绝不是客观的，历史是写作的一种，所以与小说无异。后现代理论重新考虑历史的文学性与叙事史，对弱势群体与次文化的重视，可以宽广史识，注意到从前忽略的课题，诸如妇女史、儿童史、医药史，以及身体、情欲、隐私等研究，但明显有过激之处，崇尚支流而忽略了主流，对史学本质也欠深刻的了解，而且有先天性的自毁性格。据其绝端的相对论，则其自身的理论，岂非也是相对的？换言之，既然确切的知识可以否定，则后现代理论岂非也在否定之列？我的这本书稿先综述史学从现代进入后现代的过程，说明“后史”并非“现史”的继承，而是对“现史”的颠覆与“反叛”，但未尝无故，信史难求的疑虑始终挥之不去也。接着介绍后现代的史观，来自许多后现代主义理论，理论大师几皆哲学家或文评家，未必深谙历史而欲建构史学。继而检视“后史”挑战信史之说，此说以为历史固然出自史家之手，文献往往无征，但是史家自有其学养与风骨，凭有限之史料未必不能探知相当的真相。学科未臻完善，岂仅史学而已？历史叙事原是史学的大国，近年更有复兴叙事的呼声。“后史”强调“转向语言”(linguistic turn)，讲究书写的文学性，于历史叙事自有推波助澜的作用，但是不取叙事非真之说，必须求真而后叙之。此书然后述及因叙事而有新的文化史之流行。新的文化史在方法与内容上，都与传统的文化史不尽相同，聚焦于小人物，多讲故事而不失故事的文化背景与意义，但新的文化史并不属于后现代的作品，其作者群不认同史可言虚，也不以史学即文学为然，出版的佳作不少，值得细表。然后省思吾华传统史学，“后史”颠覆西方现代史学，被西方现代史学取代的中国传统史学岂不值得省思？吾华旧史经“后史”风潮是否有其价值，或可将传统史学要义，与西方现代、后现代史学比而观之，洞悉彼我长短，以重建具有主体性的中华史学。最后展望环球史的趋向，“后史”批驳“现史”，触及西方现代史学的中心论，促使环球化时代突破西方中心论的世界史从事包揽环球议题的历史研究与写作，中国史学亦势必要参与其中。环球议题已经凸显，诸如国际贸易、环境生态、气候变迁、天灾人祸、人民苦难等等。此等议题必须跨越国家的疆界与地区的限制，才够完整。环球史或可视为“后史”风暴后的新趋势，至于建立跨文化的环球史观，犹待今后世界环球化的发展。此书于 2017 年交稿，因疫情而延宕至2024年才出版。

我的第四本史学书是三年疫情中完成全稿的《史义通说》，将于2025年由台北联经出版事业公司出版。西方有识之士，渐知史学非西方一家独有。英国史家特里维廉（G. M. Trevelyan）说："史神殿堂内有很多的屋宇（in Clio's house are many mansions）。"法国史家布罗代尔说：史如江河，非仅一条，无不可以相互参照。史学是人文学科，属于"心界"，有别于自然科学之属于"天界"。人的心灵、思维、感情，治史者不会轻忽。因文化各异、史迹不同，价值观也不一样，故而即使相同的事实，认知也未必尽同，即伯林所谓"文化多元论"的义谛。所以泰西不应再持"欧美文化中心论"，世界文化不一，并无绝对的普世价值，不同文化各有其特性，无分高低。史意出自作者，有其主体性，更何况中西传统之间的差异很大。所以想要将西方文化全盘移植到中国，必然会有扞格。然自五四新文化运动以来，国人倾心西化，以洋人为师，范式与理论莫不以欧美为尊，而以中华学统有违时尚，遂欲弃如敝屣。"五四"百年后的今天，吾华的物质文明已大有可观，唯精神文明已有沦为西方的次文化之虞！我们数千年源远流长的传统史学，家藏之富，不应沦为博物馆内的陈列品，视为已死的蜕痕。我写《史义通说》，意在一窥旧史的特色，分述不辍的传承，阐发丰富的史论，反思众多的范式，提炼旧史的精华。窃思继旧开新的契机有二：其一，不宜盲目依傍西方学理，贸然削足适履，苟欲求取学理，须从国史经验中获得。其二，史学既须自我作主，即洋人所谓的“自主性”，然则历史的话语权断不可丧失。此权若失，听命于人，奉泰西为圭臬，真有亡史而裂国之虞！何不弘扬文化多元义谛？明心界有异于物界，史学乃人文之学，自有归宿，不与科学同科。中西史学虽然途径有异，但同归于说明事实与阐释义理，更有不期相契，神会妙悟之处，然不应他途我径混为一谈，难分蕉长与橘圆，或枉加比附，而自称莫逆。我们应该做的是：上接已有断层的传统，发其丰沛之资源，去芜存菁，旁参西学，取彼之长，补我之短，借照邻壁之光当有助于旧学的翻新，而后建立自主而有特色的中华史学。

我自 2003 年自美返台长住，更能就近经常来往于海峡两岸，先后访问过北京大学、清华大学、北京师范大学、中国人民大学、首都师范大学、北京外国语大学、中国社会科学院近代史研究所、南开大学、陕西师范大学、山东大学、曲阜师范大学、聊城大学、武汉大学、华中师范大学、南京大学、苏州大学、复旦大学、华东师范大学、中山大学、华南师范大学、厦门大学、香港中文大学等校，逗留时间长短不一，少则数日，多则数月，与各校师生交流莫不愉快而有收获。北师大与华东师大尤为南北两大史学史研究的重镇，其规模之大，研究人员之多，举世罕见。我有幸得与两校的史学史专业学者交往，趋前拜访，并有缘分相识南开大学的乔治忠教授、孙卫国教授，山东大学王学典教授，北师大的刘家和、瞿林东、吴怀祺、汪高鑫、张越等教授，中国社会科学院李红岩研究员，华东师范大学李孝迁教授与胡逢祥教授，首都师范大学江湄教授等，他们皆以史学史与史学理论为专业。我也曾在台湾嘉义中正大学举办“台湾当前史学发展工作坊”，集合在台研究史学史的同仁于一堂，北师大的吴怀祺适在中正大学访问，也参与讨论，并曾合照留影。

记梦既尽，已是晚秋天气；庸椽楼头，窗外晴空万里，白云飘浮。往事悠悠，叹时光之容易把人抛也。苏东坡说："哀吾生之须臾，羡长江之无穷。"古今同情，岂不喟然？思往事、念来兹，依然魂牵史学，题《沁园春》以寄思：

禹域风华，千载繁枝，万世风流。看先秦诸子，玄思渺渺，汉家迁固，彩笔攸攸，石室汗牛，东观作手，竹简新书事可留。逢盛世，亦心存鉴往，智者先忧，鸿篇络绎无休，使日暮书窗国史修。惜史通评议，知几莫继，编年资治，涑水难侔。及至乾嘉，浙东学士，试问谁将可与俦？西风急，欲狂澜得挽，旧史勤搜。

辛丑岁末撰于林口大未来居庸椽楼

附录

# 汪荣祖中英文主要著作

**中文专书：**

汪荣祖：《后史辨》，汪荣祖作品丛书，北京：中华书局，2024。

汪荣祖：《纵横捭阖一棋局：现代强权博弈四讲》，台北：联经出版事业公司，2024。

汪荣祖：《评说蒋介石》，台北：联经出版事业公司，2023。

汪荣祖：《读史三编》，上海：上海人民出版社，2019。

汪荣祖：《阅读的回响：汪荣祖书评选集》，上海：文汇出版社，2017。

汪荣祖：《槐聚心史：钱锺书的自我及其微世界》，全球在地视野丛书8，台北：台大出版中心，

2014；北京：中华书局，2020。

汪荣祖：《明清史丛说》，桂林：广西师范大学出版社，2013。

汪荣祖：《学人丛说》，“汪荣祖人物书系”，北京：中华书局，2008。

汪荣祖：《诗情史意》，台北：麦田出版社，2005；南京：江苏教育出版社，2006。

汪荣祖：《史学九章》，台北：麦田出版社，2002；北京：生活·读书·新知三联书店，2006。

汪荣祖：《从传统中求变：晚清思想史研究》，江西：百花洲文艺出版社，2002。

汪荣祖：《康有为论》，世界哲学家丛书，台北：东大出版社，1998；收入北京中华书局《汪荣祖人物书系》，2006。

汪荣祖：《走向世界的挫折：郭嵩焘与道咸同光时代》，台北：东大出版社，1993；收入北京中华书局《汪荣祖人物书系》，2006；长沙：岳麓书社，2023新版。

汪荣祖：《章太炎研究》，台北：李敖出版社，1991。《章太炎散论》，北京：中华书局，2008。

汪荣祖:《康章合论》，台北：联经出版事业公司，1988；北京：新星出版社，2006；北京：中华书局，2008。

汪荣祖:《史传通说》，台北：联经出版事业公司，1988；北京：中华书局，1989；中华书局学术精品版，2003。

汪荣祖:《晚清变法思想论丛》，台北：联经出版事业公司，1983；北京：新星出版社，2008。

汪荣祖:《史家陈寅恪传》，香港：波文书局，1976；台北：联经出版事业公司，1984，1997；北京：北京大学出版社，2005。

汪荣祖、李敖:《蒋介石评传》上下册，台北：商周出版社，1984；北京：中国友谊出版公司，2004。

**英文专书:**

Young-tsu Wong, *China's Conquest of Taiwan in the Seventeenth Century: Victory at Full Moon* (Singapore: Springer, 2017).

Young-tsu Wong, *Beyond Confucian China: The Rival Discourses of Kang Youwei and Zhang Binglin*

（London：Routledge，2010）.

Young-tsu Wong，*A Paradise Lost: the Imperial Garden Yuanming Yuan*（Honolulu：University of Hawaii Press，2001；Springer，2017）.《追寻失落的圆明园》，钟志恒译，台北：麦田出版社，2004，2007；南京：江苏教育出版社，2005；北京：外语教学与研究出版社，2010年中英双语版；2015年韩文版。

Young-tsu Wong，*Rejuvenating a Tradition: Reform and Revolution in Modern China*，Asian Thought and Culture Series No. 3（New York，Bern，Frankfurt，Paris: Peter Lang，1990）.

Young-tsu Wong，*Search for Modern Nationalism: Zhang Binglin and Revolutionary China，1869—1936*. East Asian Historical Monographs（Oxford University Press，1989）.

**散文集：**

汪荣祖：《书窗梦笔》，台北：麦田出版社，2006，2007；北京：中国人民大学出版社，2007。

汪荣祖：《学林漫步》，台北：时报出版社，1984；

天津：百花文艺出版社，1998；南京：江苏教育出版社，2005。

**诗集：**

汪荣祖：《云雏记事诗稿》，北京：中华书局，2020。

**编著、论文、书评、散文、政论从略**